丛书主编　汤重南

抗战十四年·中华儿女传奇

U0957528

平型关大捷

韩文宁　著

南京出版传媒集团
南京出版社

图书在版编目（CIP）数据

平型关大捷 / 韩文宁著. -- 南京：南京出版社，2018.8

（抗战十四年·中华儿女传奇）

ISBN 978-7-5533-2210-0

Ⅰ. ①平… Ⅱ. ①韩… Ⅲ. ①平型关战斗（1937）– 史料 Ⅳ. ①K265.106

中国版本图书馆CIP数据核字（2018）第069890号

丛 书 名：抗战十四年·中华儿女传奇
总 策 划：卢海鸣
书　　名：平型关大捷
作　　者：韩文宁
出版发行：南京出版传媒集团
　　　　　南 京 出 版 社

社址：南京市太平门街53号　　邮编：210016
网址：http://www.njcbs.cn　　电子信箱：njcbs1988@163.com
联系电话：025-83283893、83283864（营销）　025-83112257（编务）

出 版 人：项晓宁
出 品 人：卢海鸣
责任编辑：徐　智
装帧设计：王　俊
责任印制：杨福彬

制　　版：南京新华丰制版有限公司
印　　刷：南京玉河印刷厂
开　　本：787毫米 × 1092毫米　1/16
印　　张：6.5
字　　数：71千
版　　次：2018年8月第1版
印　　次：2023年8月第4次印刷
书　　号：ISBN 978-7-5533-2210-0
定　　价：20.00元

用微信或京东APP扫码购书

用淘宝APP扫码购书

编 委 会

总 序

中华民族是一个有着5000多年文明史的伟大民族，为人类文明进步做出了不可磨灭的贡献。进入近代以后，由于列强的入侵和封建统治的腐败，中国落伍了，一步步沦为半殖民地半封建社会。特别是由于日本军国主义的野蛮入侵，中华民族濒临亡国灭种的境地。1931年9月18日，日本帝国主义悍然对驻守沈阳的中国军队发动进攻，制造了蓄谋已久的九一八事变。

“兄弟阋于墙，外御其侮。”面对日本军国主义的野蛮侵略，中华民族并没有在外敌面前屈服、倒下，而是更加同仇敌忾、奋勇杀敌。在整个抗战期间，在中国共产党领导的抗日民族统一战线指引下，中国各党派、各民族、各阶级、各阶层、各团体以及海外华侨华人义无反顾地投身到抗击日本侵略者的洪流之中，进行了艰苦卓绝的战争。特别由中国共产党领导的东北抗日联军、八路军、新四军更是在异常艰苦的条件下英勇抗击日本侵略者，取得了一个又一个骄人战绩。他们的英勇事迹在中华民族反抗外敌侵略的历史上谱写了光辉的一页，充分凸显中国共产党在整个抗日战争中的中流砥柱作用。最终中国人民取得了抗日战争的伟大胜利，宣告了世界反法西斯战争的完全胜利。中国人民抗日战争胜利是全体中华儿女的荣光。

2015年9月3日，习近平同志在《纪念中国人民抗日战争暨世界反法西斯战争胜利70周年大会上的讲话》中明确提出："中国人民经过长达14年艰苦卓绝的斗争，取得了中国人民抗日战争的伟大胜利，宣告了世界反法西斯战争的完全胜利。"在中央政治局第25次集体学习时，习近平同志进一步提出："要注重研究九一八事变后14年抗战的历史，14年要贯通下来统一研究。"2017年1月，教育部要求各级各类教材全面落实"十四年抗战"概念，把中小学地方课程教材中的"八年抗战"字样改为"十四年抗战"，并根据情况修改与此相关内容，确保树立并突出十四年抗战概念。这表明，长期以来认识不尽一致的抗日战争的起点问题，最终通过进入教材的形式加以解决。

"十四年抗战"概念的提出，体现了将九一八事变、东北抗战等局部抗战与1937年卢沟桥事变后的全面抗战作为一个整体来观照和研究，更能增强震撼力和感染力。另外，长期以来，中国抗日战争史就面临着被"西方中心论"者消解、忽视的境遇，作为第二次世界大战和世界反法西斯战争的东方主战场，中国战场的历史地位在欧美大中小学教材和研究著作中不被重视；而全面抗战爆发前的中国人民，特别是中国共产党领导的东北抗联的孤军奋战，更是鲜有人问津。"十四年抗战"进入中国国民教育系统，是扭转这一局面的重要举措，是在国际范围内建立自身历史话语权的现实需要。这也是对毛泽东主席所说的"伟大的中国抗战，不但是中国的事，东方的事，也是世界的事”“我们的敌人是世界性的敌人，中国的抗战是世界性的抗战”等论断的最好诠释。

此套丛书以通俗易懂的语言、引人入胜的故事、准确的历史史实，展现抗战期间在中国共产党领导下的东北抗日联军、八路军、新四军英勇抗敌的14个经典战役战斗事迹，再现波澜壮阔的敌后战场、机动灵活的战略战术和引以为傲的骄人战绩。向广大青少年表达中华儿女视死如归、宁死不屈的民族气节，不畏强暴、血战到底的英雄气概，百折不挠、坚忍不拔的必胜信念。同时，通过对中国共产党领导下的一个个经典战役、战斗的讲述，一方面，加强对青少年乃至全社会的历史传承，消除近年来“抗日神剧”等历史泛娱乐化所造成的认识混乱以及价值观扭曲，积极正本清源；另一方面，通过史实再次证明中国共产党在抗日战争中的中流砥柱作用，拆穿日本右翼势力矢口否认日本对中国发动的侵略战争、极力美化日本在中国所犯下的滔天罪行的惊天谎言。

“以史为鉴，可以知兴替。”当下，我们正走在实现中华民族伟大复兴中国梦的征途中，国家综合实力、人民生活水平都有显著提高。越是在这种时候，我们越是不能忘记为了实现民族独立、人民解放而抛头颅、洒热血的革命先烈和革命事迹。相信通过此套丛书的出版，必将具有深远的历史意义和极强的现实意义，也必将在国内外产生广泛反响。

汤重南

（中国社会科学院研究员、博士生导师，

中国日本史研究会名誉会长，中日历史共同研究委员会中方委员）

目　录

引 言

八路军在平型关突袭日军获胜后，一时扬名。但多数人鲜有知晓，就史实而言，从战略的角度和内长城线攻防战而观，“平型关大捷”乃是一场局部之战，为“平型关战役”的一个组成部分，是第 115 师为配合平型关主战场的侧后伏击战。但人们常常误将两者混为一谈，甚至只知平型关大捷，不知有平型关战役。

“兄弟阋于墙，外御其侮。”平型关战役是第二次国共合作后两党军队第一次配合作战。当第 115 师于平型关对日军进行伏击时，国民党第 33 军孟宪吉独立第 8 旅等部已在这一线正面截击日军第 5 师团第 21 旅团主力部队，其后与敌持续激战，直至 1937 年 10月 2 日方才撤离所在阵地。

在山西省繁峙县东北有一条险峻山岭，明代称“平型岭”，清代称“平型关”，今称“关岭”。岭脊上一条残破的明代长城起伏蜿蜒，其中一道关口叫“平型关”，今日仍有券洞立于当道，依稀可见“平型关”三字。

若从字面理解，给人的第一感觉，这里便是当年八路军第 115 师伏击日军所取得“平型关大捷”的主战场。其实并非如此，它是“平型关战役”的中心正面主战场。而第115师伏击战的具体位置则在乔沟，从兵力部署到整个战斗过程，都是围绕这一中心地带展开的。它距离平型关口，大约还有5公里。

八路军在平型关勇克日敌，意义不凡！是时，平津先后沦陷，日军重兵向华北进攻，国民党第二战区决策核心指挥失宜，未能阻遏日军，致使丧师失地。平型关大捷，就其战斗规模和重要性，并不具有决定意义，但在当时影响不小，它给锐气正盛的日军以迎头痛击，极大地鼓舞了中国军队抗战的士气，提高了八路军声威。

“平型关大捷”的首战经历，对八路军广泛开展抗日游击战争，逐步实现战略转变，具有启示作用和深远影响，并为今后各部与友军合作，及对敌作战，提供了决策依据。通过此役，八路军更加坚定了以毛泽东提出的独立自主之山地游击战作为主要战法的战略思想，为建立敌后抗日根据地和抗日游击战创造了有利条件。若用三句话表述平型关大捷，就是：“给日军一个打击，给友军一个配合，给国人一个振奋。”

一 | 红军改编八路军

日本帝国主义为实现其以武力吞并中国的侵略计划，继侵占东三省、热河和冀东之后，于1937年7月7日制造了卢沟桥事变，悍然发动全面侵华战争。中国驻军第29军第37师第110旅官兵奋起抵抗，中国人民抗日战争全面爆发。8月13日，日军进攻上海，威逼国民政府首都南京。

在关系到中华民族生死存亡的重要关头，中国共产党迅速做出反应，于7月8日发表“为日军进攻卢沟桥通电”，大声疾呼：全中国的同胞们！平津危急！华北危急！中华民族危急！日本帝国主义武力侵占平津与华北的危险，已经放在每一个中国人的面前，只有全民族实行抗战，才是我们的出路！全中国同胞，政府与军队，团结起来，筑成民族统一战线的坚固长城，抵抗日寇的侵掠！同日，红军将领为日军进攻华北致蒋介石电，直陈红军将士都愿在其领导之下，为国效命，与敌周旋，以达保土卫国之目的。陈词迫切，表明了中共及红军决意抗日的态度。

八路军臂章

毛泽东、朱德致电蒋介石，要求全国总动员，并代表红军将士请缨杀敌。7月15日，周恩来将中国共产党公布的《国共合作宣言》递交蒋介石，郑重声明：愿取消红军名义及番号，改编为国民革命军，受国民政府军事委员会之统辖，并待命出动，担任抗日前线之职责。

根据国共两党达成的协议，国民政府军事委员会于8月22日发布命令，宣布将中国工农红军主力改编为国民革命军第八路军，简称“八路军”。9月11日，按照全国统一的战斗序列，改称为第十八集团军。因先入为主的印象，一般人仍惯称八路军。

7月25日，中央革命军事委员会宣布关于红军改编为国民革命军第八路军的命令，将红军前敌总指挥部改名为第八路军总指挥部，以朱德、彭德怀为正、副指挥（9月11日后改称正、副总司令），参谋长叶剑英，副参谋长左权。总政治部为第八路军政治部，主任任弼时，副主任邓小平。

八路军下辖第115、120、129师以及直属部队，共计4.6万人。其

聂荣臻

中，由红一方面军第1、15军团及第74师全编为第115师，在陕西省三原县编成。师长林彪，副师长聂荣臻，参谋长周昆，政训处主任罗荣桓，副主任萧华，作战科科长王秉璋，侦察科科长苏静，宣传部部长萧向荣，保卫（锄奸）部部长叶青山。下辖第343旅，由第1军团第2、4师组成，旅长陈光，副旅长周建屏，参谋长陈士榘，辖2个团6500人。第685团由第2师改编，团长杨得志，副团长陈正湘，政训处主任邓华；第686团由第4师改编，团长李天佑，副团长杨勇，政训处主任符竹庭。第344旅由第15军团改编，旅长徐海东，参谋长陈漫远，辖2个团5000人。第687团由第73师全部和第78师一部改编，团长张绍东，副团长田守尧，政训处主任崔田民；第688团由第75师全部和第78师一部改编，团长陈锦绣，副团长韩先楚，政训处主任刘震。师直属部队：独立团由第1军团第1师改编，团长杨成武；炮兵营、辎重营、骑兵营和教导队等，由第74师、第1军团骑兵第2团、随营学校和第15军团教导营、特务营等部改编。全师共计1.55万人。

八路军出师抗日，专门发有誓词：

日本帝国主义，是中华民族的死敌，它要亡我国家，灭我种族，杀害我们父母兄弟，奸淫我们母妻姊妹，烧我们的庄稼房屋，毁我们的耕具牲口。为了民族，为了国家，为了同胞，为了子孙，我们只有抗战到底！

为了抗日救国，我们已经奋斗了六年。现在，民族统一战线成功，我们改名为国民革命军，上前线去杀敌。我们拥护国民政府及蒋委员长领导全国抗日，服从军事委员会统一指挥，严守纪律，勇敢作战，不把日本强盗赶出中国，不把汉奸完全肃清，誓不回家。

我们是工农出身，不侵犯群众一针一线，替民众谋利益，对友军要亲爱，对革命要忠实。如果违犯民族利益，愿受革命纪律制裁，同志之指责，谨此宣誓。

在中国共产党的不懈努力和全国人民日益高涨的呼声中，在危机日甚之下，以第二次国共合作为基础的抗日民族统一战线终于形成。

关于红军改编为八路军后的作战原则，毛泽东指出，依当前敌我情况，必须坚持如下两条：一是在整个战略方针下执行独立自主的分散作战的游击战争，而不是阵地战，也不是集中作战，因此不能在战役战术上受束缚。只有如此，才能发挥红军特长，给日寇以相当打击。二是在开始阶段，红军以出三分之一的兵力为适宜，兵力过大，不能发挥游击战优势，而易受敌人的集中打击，其余兵力依战争发展，逐渐使用之。

由于自身力量单薄，加之没有与日军交手作战的经验，中共中央政治局于8月下旬在洛川召开会议，明确八路军的基本任务是：创建抗日根据地，钳制与消耗敌人，配合友军作战，保存和扩大自己。战略方针为独立自主的山地游击战，作战地区为冀察晋绥四省交界地区，并以此为依托，向察哈尔南部、热河南部和河北西部发展。这一部署的要旨是使八路军主力在出师后能向平津日军的侧翼和后方渗透，分

改编后准备出师的八路军

割关东军与平津的战略联系。从侧后袭扰、牵制和打击日军，钳制日军的正面进攻。

为解救华北危局，八路军不待改编就绪，便在朱德、彭德怀的率领下出征。8月31日，第115师由陕西三原、富平经韩城地区东渡黄河，至侯马，乘火车沿同蒲路北上，日夜兼程，挺进晋察冀交界地区。9月6日，八路军总部与第120师主力分别由陕西泾县云阳镇和富平县庄里镇出发，随第115师之后，向华北抗日前线挺进。9月30日，第129师主力亦由富平庄里镇开拔，东进北上，开赴华北前线。

8月30日和31日，毛泽东致电周恩来、彭德怀，要求二人赴太原，会晤阎锡山，商谈八路军进入山西后的活动地区、作战原则、指挥关系和部队补充等问题。为便于与阎锡山顺利达成协议，特派第129师副师长徐向前随同前往，徐与阎既是五台老乡，又有师生之谊。

9月4日，周恩来、彭德怀、徐向前、聂荣臻等一行在西安乘坐陕西省政府主席蒋鼎文派的专列疾驶潼关，然后换乘木船渡过黄河，抵达风陵渡。5 日下午，受到阎锡山礼迎，在其心腹秘书梁化之的陪同下乘专列抵达太原。7 日，动身前往太和岭口会晤阎锡山，就一系列具体问题进行磋商，双方基本达成一致。

此时，中日军队正在天镇、阳高交战，绥远空虚，山西局势甚危。面对当前敌情，毛泽东迅速变更原定部署，于 9 月 17 日向八路军发出指示：敌之战略计划，是以大迂回姿势，企图夺取太原，威胁平汉线友军侧背并击破之，继之侵蚀山东，进而实现其夺取华北五省的企图。他判断恒山山脉一带必为日军夺取晋察冀三省之战略中枢。红军此时是支队性质，不起决战的决定作用，但如部署得当，仍能起到在华北支持游击战争的决定作用。为此，决定取消八路军原来集中配置在恒山山脉地区创建游击根据地的计划，而将 3 个师分散于山西的四角。其

第115师骑兵营越过内长城，开赴抗日前线

中，第 120 师集结于太原以北之忻县待命，准备在取得阎锡山的同意下，转至晋西北管涔山脉地区活动。第 129 师在适当时机进至吕梁山活动。第 115 师进入恒山山脉南段活动，如敌南进，而友军又未能将其击退，则依情况而定逐渐南移，活动于晋东南之太行、太岳两山脉间。至于总部，则进至太原附近，依情况而定适当位置。这样的布局，对敌占中心城市和交通要道形成夹击包围之势，对八路军保持战略上的主动灵活，配合国民党军队作战，粉碎日军的进攻，以及独立自主地进行山地游击战、创建敌后抗日根据地，都具有重要意义。

八路军总部随后对各师发出指示和训令，要求遵照执行，以“机动灵活的袭击求得消灭敌人小部”。根据总部指示和地区划分，各师立即按计划实施，分头向指定地区开拔。第 115 师于 9 月中旬挺进五台、繁峙、灵丘等晋东北地区及冀西阜平地区，第 120 师主力于 9 月下旬兵至宁武、神池等晋西北地区，第 129 师则准备向正太铁路以南之晋东南发展。

9 月 21 日，毛泽东致电彭德怀，强调指出：“近日红军在决战问题上不起任何决定作用，而有一种自己的拿手好戏，在这种拿手戏中一定能起决定作用，这就是真正独立自主的山地游击战（不是运动战）。要实现这样的方针，就要战略上有有力部队处于敌之翼侧，就要以创造根据地发动群众为主，就要分散兵力，而不是以集中打仗为主。”

八路军出师华北，既是对正面战场中国军队对日作战的有力支持，亦为中共坚持华北游击战争而确立战略支点，奠定了坚实的基础。中国共产党所领导的武装，在其后的战斗中不断发展壮大，逐渐成为华北抗日战场上的一支重要力量。

二 | 华北危急大战即

侵华日军采取“速战速决”的策略，从华北、上海两个战略方向发动大举进攻。在占领平津后，决定进行华北会战，扩大战果，并迅速从国内增兵。8月上旬，日军独立混成第11旅团在第5、10师团等部配合下，向察绥和山西的前哨要地南口、居庸关发起猛攻，汤恩伯率第13军奋力抵御。由于后方张家口被敌关东军察哈尔派遣兵团所袭，第29军刘汝明部弃守，导致南口守军两面受敌，难以为继，被日军突破。

根据华北对日防御作战的需要，国民政府军事委员会于8月20日颁布全军战斗序列，将全国划分为5个战区。其中，华北有3个战区，分别是第一、第二和第五战区。平汉、津浦两条铁路线的北段为第一战区，以此作为与日军作战的正面战场，由军事委员会委员长蒋介石兼任司令长官；山西、察哈尔、绥远三省为第二战区，作为“侧背”，阎锡山为司令长官。2个战区共辖6个集团军、24个军（军团）、53个师另21个旅及其他部队，约60万人。另辖区大部为华北（山东的鲁南和江苏的北部）的第五战区，司令长官由蒋介石先兼，李宗仁后继。

关东军察哈尔派遣兵团司令长官东条英机（中）

8月31日，日军撤销中国驻屯军，成立华北方面军，以寺内寿一为司令官，下辖香月清司的第1军（下辖第6、14、20师团）、西尾寿造的第2军（下辖第10、16、108师团）和直属第5、109师团及中国驻屯混成旅、临时航空兵团等。共计2个军、8个师团、17个旅团和1个临时航空兵团及其他特种部队，外加关东军察哈尔派遣兵团3个独立混成旅（即第1、2、15独立混战旅）和2个支队（堤支队和大泉支队），共计37万人。

第二战区司令长官阎锡山认为，日军意欲统治华北，下一步必取山西，于是着手部署太原会战。他于8月30日发表《告第二战区前敌将士书》：

此次战争，是国家民族存亡关头，非胜不可。应将各人生死利害，置之度外，方能致胜，方能救国，这是大家平日所服膺所深知的。锡山责任所在，杀身卫国，早具决心，不能令诸君独死，此其一。牺牲才能奋斗，奋斗才有胜利。此次战争，系民族革命战争，系争取国家民族之存在，尤非有强度之牺牲不可。锡山定本牺牲救国之决心，领导大家，

第二战区司令长官阎锡山

一致努力，一致牺牲，希望大家认清此次战争之意义，激励士气，鼓勇死拼，以期死里求生。其能奋不顾身杀敌致果者，定当呈之中央，宣布全国，永注勋典。彼胆小懦怯畏缩不前者，当必为我将士所不取，实亦国法所不容也！此其二。民众为国家主人翁。武力与民众结合者必胜，否则必败。各将士除提高士气奋勇杀敌外，尤应到处唤起民众，与民众结合起来。如此，我到处都是家人父子，敌到处必然四面楚歌，草木皆兵！此其三。以上三事，诚为救国要务。我同志将士，务须深体此意，自爱爱国。有认识，然后有决心。有决心，然后有办法。有办法，然后能成功。认识就是彻底了解，战败则为亡国奴，绑而杀之，捆而杀之，任人宰割，彼时虽欲打敌人一枪一弹而再就死，不可得也。决心就是破釜沉舟，拼个你死我活，一发而不可当。办法就是时时自己振作，时时振作士气，有勇知方，虚实互用，以求我最后之胜利，最后之成功。古人云："哀军必胜。"今日敌人向我全国军民施行无理之压迫，岂独是哀军，而且是哀民！故最后胜利，必属于我；愿我全体将士共勉之！

日军华北方面军根据参谋本部关于进行华北会战的命令，于9月4日制定《华北会战指导方略》，将会战的重点置于河北中部的平汉沿线，由第1军担任该线作战。令担任平绥路作战的第5师团南下蔚县，以

日军向南口发动进攻

确保平汉路右侧安全，并从蔚县南下，参加河北中部会战。

进入9月以来，第二战区的军事局势急剧恶化，日军兵分三路，长驱直入，在华北展开全面进攻，一时狼烟突兀。一路沿津浦铁路南下，直逼山东；一路沿平汉线铁路南进，直指中原；一路沿平绥铁路西进，直攻山西，进而夺取察、绥、晋、冀、鲁五省，占领黄河以北广大地区。日军若沿同浦线南下，占据太原后继续南进，渡过黄河，占领潼关，就将扼住进军西南和华北的咽喉。

沿平绥路西进的日本关东军察哈尔派遣兵团，于9月13日占领晋北重镇大同后，以一部向绥远进攻，主力则沿同蒲路南下。中旬，日军华北方面军7个师团沿平汉、津浦路南犯，突破中国第一战区保定—沧县防线后，继续向石家庄—德县一线进攻。由平绥路东段宣化南下，

板垣征四郎

向西南进犯的板垣征四郎第5师团第9旅团，在察哈尔派遣兵团主力配合下，迅速向内长城线进逼，先后侵占河北的阳原、蔚县，并向山西的广灵、浑源、灵丘进攻，企图突破平型关、茹越口要隘，进而向国民党第二战区扼守的晋西北长城防线攻击，从右翼配合华北方面军主力沿平汉铁路的作战。

日军进攻矛头直指山西，企图由晋北打开通路，攻占太原，以大迂回的动作，迫使国民党军撤退，最终达到不战而取华北五省之目的。在部署兵力时，板垣征四郎考虑到平型关扼守灵丘至大营的公路，是进攻雁门关的必经之地，直驱这里，可以尽快实现“三个月灭亡中国”的计划。

是时，第二战区平型关战役战斗序列为：司令长官阎锡山，参谋长朱绶光。前线总指挥为第六集团军总司令杨爱源（前期，副总司令孙楚代行）、第七集团军总司令傅作义（后期）。下辖第15、17、19、

日军侵占察南重镇蔚县县城

杨爱源

33、34、35、61军以及预备第2军，共计9个师25个旅。

为了应对日军攻势，第二战区于9月初制定了平型关作战计划，具体内容如下：

1.作战方针。本军以利用山地歼灭敌人之目的，以主力配置于天镇、阳高、广灵、灵丘、平型关各地区，以一部控置于大同、浑源、应县附近，以策应各方面之战斗，相机转移攻势。

2.指导要领。（1）敌情判断，敌攻我晋北如下述两途：一是以一部兵力由蔚县向广灵行佯攻，以主力沿平绥路西进夺取大同，以图切断我晋绥之联络线。二是以一部兵力向天镇行牵制攻击，以主力向广灵进攻，企图截断我雁门后路。（2）我为打破敌人以上两种企图计，在灵丘、广灵、东井集、天镇各地区附近，配备强有力之部队，以阻绝其前进，以一部配备于大同附近，以大部控置于浑源、应县附近，以策应各方之战斗。（3）如敌以主力进攻广灵时，该处守兵应固守待援，以总预备队主力应援该方面之战斗，此时东井集之部队应向广灵敌之侧背威胁，以使该方面之战斗容易成功。（4）如敌以主力进攻天镇时，我天镇守军拼死待援，以大同附近之总预备队应机向天镇附近推进，以浑源附近兵力渡桑乾河，向天镇右翼实行侧面攻击，以图牵制敌人，俟其顿挫，由天镇两翼夹击之。（5）骑兵军以主力位置商都、尚义、化德等处，相机威胁敌之侧背，以一部守备大庙、百灵庙各据点。（6）第

日军侵占晋北重镇大同城

十八集团军到达后，应进出灵丘、蔚县附近，威胁敌之侧背，以使进攻之敌不敢孤军深入，在敌我决战时期，该军应向敌侧背实行猛扑，以期我军确获战捷。

3.兵团部署。（1）第六集团军第33军章拯宇旅布防灵丘，刘奉滨师布防广灵，孟宪吉旅控制大营；第34军梁鉴堂旅布防东井集，姜玉贞旅控制浑源，应县郭宗汾第71师拟控制岱岳，金宪章师控制砂河。（2）第七集团军第61军李俊功师固守天镇，刘䨥馥旅布防阳高，马延守旅拟控制大同以东地区；第35军王子修旅固守兴和，安荣昌旅控制隆盛庄，董其武旅固守集宁，孙兰峰旅控制绥远，方克猷、田树梅两旅控制大同、丰镇。（3）预备军陈长捷师拟控制应县，段树华旅控制怀仁以北，杜堃旅控制雁门一带，陈庆华旅控制平型关一带，杜春沂师控制太原附近，骑兵军主力在商都、尚义、化德等处布防，一部守大庙、百灵庙。

然而，计划不如变化，面对日军咄咄逼人的攻势以及两路分进合击的战术，阎锡山很快又调整部署，决定以内长城线为依托，在平型关—雁门关、神池一线组织防御，凭借长城之险的地缘优势，阻击日军进入山西腹地。他将内长城防线分为左、右两个地区，部署杨爱源所部第六集团军（辖第15、17、33军）担任右翼北楼口至平型关一线的防御；傅作义所部第七集团军（辖第19、34、35、61军）担任左翼北楼口以西至神池沿线防御。以第71、72师为预备军，并决定集中4个师和2个旅的兵力，歼灭平型关来犯之敌。

9月中旬末，阎锡山在岭口召集军长以上人员军事会议，研讨作战方案。他提出把日军放进平型关以内进行围歼的计划，即以逐次抵抗的方式，诱敌深入到砂河以西地区，然后从恒山、五台山两方面发动钳击，并截断平型关要隘，会歼日军于滹沱河上游砂河—大营间的盆地里。他将这称之为“口袋阵”，试图把板垣部队“放进口袋里，给以狠狠的打击”。

平型关关口遗址

但在具体实施过程中，由于实际担任平型关方面作战指挥全责的副总司令孙楚误判，认为从蔚县进攻广灵之敌，不径趋浑源，抄击大同后方，而向灵丘前进，只不过是一支游动牵制的奇兵而已。日军主力部队仍必利用铁道交通之便，向大同输送，南攻雁门山，因此，雁门山之线才是主战场，而平型关则是支战场。如把灵丘之敌放进平型关内，则利于敌之分进合击，而中国军队难以掌控。遂擅自变动部署，以多数兵力布防恒山、雁门山之线，弱化平型关一线的兵力配备。身为第二战区司令长官，阎锡山也曾预测日军进攻山西，或以主力沿平绥路西进，夺取大同，切断晋绥联系；或以主力攻广灵，截断中国军队后路雁门关，所以决定利用山地及既设国防工事，诱敌至大同外围后加以南北合击。

万万没有料到的是，精于战略的“中国通”板垣，偏偏选择了孙楚认为是最为安全的地带发动进攻：从蔚县至广灵，再直驱平型关。由于疏于防守，兵力不足，使得日军从平型关右侧绕袭成功，中国军队只能退守平型关。

为了阻止日军突破平型关防线，阎锡山致电朱德，要求八路军配合作战，称“我决歼灭平型关之敌，增加八个团的兵力，拂晓可到，希电林师夹击敌之侧背”，伏击日军。为配合友军防守内长城线，八路军总部命令林彪、聂荣臻所部第 115 师进至平型关待命，时刻准备投入战斗。

9 月 14 日，林彪率先头部队乘汽车到达平型关西南的大营镇。当日，他向中央军委和八路军总部发电，准备待敌侧攻大营东之平型关友军阵地时，相机袭击敌人之左侧后，歼敌一部，以扩大战果。

第115师主力进抵平型关地区

按战斗序列的划分，八路军隶属于阎锡山的第二战区。遵照毛泽东调整八路军战略部署的指示，即侧击日军的最后决定，彭德怀偕八路军驻晋办事处主任彭雪枫于9月19日晚间会见阎锡山。

阎锡山向彭德怀介绍了当前敌情和战区作战部署，在日军未到砂河之前，即在灵丘、平型关、大营镇之线对日军进行抵抗；在日军进至砂河后，集中24个团的兵力与敌决战，是时，要求八路军抄击日军进攻的左侧背。

彭德怀向阎锡山提出了八路军的部署，经过协商，确定了第120师改赴晋西北和第115师在平型关地区侧击进攻日军、配合友军的作战计划。

20日，彭德怀将会商结果以及对砂河决战的看法电报毛泽东。毛于次日复电，对于砂河决战，同意彭的看法，并阐明他的观点："阎锡山现在处于不打一仗则不能答复山西民众，要打一仗则毫无把握的矛

日军侵占灵丘城后设在北城墙上的防空阵地

盾中，他的这种矛盾是不能解决的。你估计他放弃平型关，企图在砂河决战的决心是动摇的，这种估计是完全对的。他的部下全无决心，他的军队已失去战斗力，也许在雁门关、平型关、砂河一带会被迫举行决战，然而大势所趋，必难持久，不管决战胜败如何，太原与整个华北都是危如累卵。”

21 日，八路军总部对各师颁发《关于作战方针和军队部署的训令》，指出：应以机动灵活的袭击，求得消灭敌人小部，兴奋友军，转变呆板死守的战术，造成持久胜利的发展。对于已经入晋的各部，目前具体部署的原则是:第 120 师主力以灵活的游击战袭击左云方向之敌，并发动及组织晋西北及绥东群众，组织游击队。王震率第 359 旅第 717 团进至五台东北豆村镇、台怀镇，准备适时相机参战。第 115 师第 343 旅控置于上寨镇附近，小部经常袭击扰乱灵丘、涞源之敌。第 344 旅最好位于阜平东北，随时协同第 343 旅相机袭击由灵丘向平型关西进，

日军侵占广灵城

或由涞源向平汉路南进之敌，在可能条件下组织有力挺进游击队，深入紫荆关、蔚县、涿鹿之间活动，收编散兵，发动群众进行游击战争。

22日，林彪关于目前集中兵力作战，向毛泽东及朱德、彭德怀提出建议，其中提及：目前敌正前进中、运动中、作战中，为我进行运动战之良好机会，我友军目前尚有抗击敌人之相当力量，为能得到友军作战之良好机会，现地域为山地，乃求山地战之良好机会，倘过此时机，敌已击破友军，通过山地并进占诸主要城市时，即较难求运动战、山地战及友军配合之作战。目前军民正在看我军直接参战，如我参战兵力过少，则有失众望。兵力过少，则不能将以绝对优势兵力消灭敌之一部。目前须以打胜仗、捉俘虏，提高军民抗战信心，提高党与红军威信，打了胜仗更容易动员群众与扩大红军。

至20日，板垣第5师团主力已占领晋东北的广灵、浑源和灵丘，逼近平型关；察哈尔派遣兵团亦进逼晋北雁门关，两部形成合围之势。次日，日军第21旅团3个大队加1个野炮兵大队，从灵丘经大营镇大道，直扑平型关。粟饭原秀率领的步兵第21联队，则从浑源出发，企图攻击平型关右侧后。据时任国民党第61军军长陈长捷的回忆，此前

19日是中秋节，孟宪吉独立第8旅奉命前往平型关驰援，于21日抢占平型关前方既设阵地，并在阵前的白崖台、寨沟、关沟各要点赶筑工事。部署刚定，日军先头部队便于21日午夜杀到平型关下，开始向中国军队发动第一次进攻。

22日晨，日军第21旅团长三浦敏事指挥步炮兵5000人，分别向平型关关口、东跑池以南长城、杏洼梁隘口等第73师第197旅及独立第8旅守军阵地发起猛攻，双方展开激战。同时，日军第21联队主力步炮兵二千余人向平型关要隘团城口第84师守军阵地攻击，中国军队奋力抵抗。夜间，日军复以大部兵力猛袭东跑池南北两侧高地，山西境内内长城一带的平型关战役正式展开。

23日，阎锡山电告朱德：昨夜日军突袭平型关阵地，发生激战，请八路军配合作战。守军伤亡惨重，日军进攻亦无进展。阎锡山急调第七集团军总司令傅作义率领预备军加入平型关战场，并与第六集团军总司令杨爱源共同指挥平型关作战。

当日，日军再次向平型关、团城口进攻，攻击甚于前一日，第21联队企图绕过平型关。第二战区守军第73、84师和独立第8旅与敌展开血战，双方伤亡惨重。第21旅团长三浦敏事急电师团长板垣征四郎，请求派兵增援。同日，阎锡山令金宪章新编第2师、郭宗汾第71师、傅作义第35军向前线开进，令八路军第115师自阵地右翼向北攻击平型关敌军侧背。

三 | 中日交锋平型关

平型关这个地方，在战略上究竟有多重要？若讲明白，还需先从山西说起。山西地处黄土高原东部，太行、吕梁、恒山、中条四座山脉环绕周围，地势险要，易守难攻，素有“华北屋脊”之称，被历代兵家看作是“华北锁钥”。中国军队若能固守山西要地，即可对侵入华北平原之敌侧背造成严重威胁。日军为确保对平津地区的占领，解除侧背之忧，图谋进一步南侵，也力求控制山西。而太原扼正太路、同浦路之交会点，为控制山西之重镇。北部有忻口为其屏障，外有娘子关、平型关、雁门关等内长城关隘连接环卫。中国军队只要能扼守这一线，就可确保山西，威胁平津日军侧背。

平型关所在的繁峙县，位于山西东北部。北靠“五岳”之恒山，与应县、浑源县相接，南依“四大佛教名山”之五台山，东邻灵丘县及河北省阜平县，西界代县。境内北、东、南三面高山环绕，林木森森，西部和中部低洼，构成由东北向西南倾斜的地势。东部泰戏山把南北两山连成一体，形成繁峙县的东部屏障。中部为滹沱河上游谷地，为忻定盆地的组成部分。

始建于明代的平型关，更是地位特殊，自古就是长城南端山西和河北两省的重要隘口，是中国九大名关之一。作为晋东北的一个咽喉要道和著名要塞，也是通向省会太原的门户。它坐落在横涧乡平型关村的瓶形岭上，古称“瓶形关”。四周群峰挺拔，关口狭窄，两侧峰峦叠起，陡峭险峻。左侧有东跑池、老爷庙等制高点，右侧是白崖台等山岭。关前，是一条由西南向东北延伸的狭窄沟道。

国共两党将领都曾预见：日本想霸占中国，必先统治华北；欲统治华北，必先图晋绥；欲图晋绥，必先争太原；欲争太原，必先夺大同和平型关，其重要性可见一斑。

阎锡山十分明白日军的意图，准备将板垣征四郎的第 5 师团放进

平型岭之口平型关

平型关内加以围歼。他深知晋绥军虽勇，但武器陈旧，战力不强，恐难御敌；部分中央军属于“客军”，难以调动。南口、张家口的败退和大同的失陷，更为这一计划的实现蒙上了一层阴影。非常时刻，共产党领导下的八路军拍马赶到，让他看到了希望，于是要求其迅速挺进晋东北，加入对日军的作战。

朱德、周恩来和彭德怀审时度势，深知平型关战役对于整个华北战局举足轻重。打赢此役，足以震慑日本侵略军的骄狂气焰，鼓舞全国人民和友军的士气，进一步扩大共产党和八路军的政治影响，于是决意在此亮剑。

经过周密探讨，双方决定在平型关至雁门关、神池内长城组织防御，重点放在平型关。待敌人进攻时，晋绥军从正面出击，八路军则从侧面击之，共同消灭来犯之敌。同时，八路军派出一部分主力，远至浑源、广灵地区打击日军增援部队，袭击敌人运输线，以配合平型关友军正面作战；第120师一部在晋西地区与晋绥军的骑兵部队配合袭击日军后方，以减轻友军压力。

为了及早进行战斗部署，朱德急忙赶往五台县南茹村八路军总部，9月23日到达后，顾不上旅途劳顿便召开会议，商讨平型关战斗的部署。随后致电蒋介石、阎锡山，汇报了第115师准备进攻和第120师开进的情况。

同日，朱德、彭德怀电令林彪并告聂荣臻：第115师应即向平型关、灵丘间出动，机动侧击向平型关进攻之敌；但须控置一部于灵丘以南，保障自己之右侧。

日军继续向平型关南北一线增兵四五千人，再次向东跑池、团城

第115师主力开赴平型关乔沟一线设伏阵地

口等阵地发动猛攻。守军第84师第502团艾捷三团长身负重伤，独立第8旅郎春生第623团伤亡殆尽，阵地失而复得。恒山一线金峰店、第21师第125团战地、第65师第388团师福沟西北阵地亦遭日军攻击，均被守军击退。但守军伤亡惨重，高桂滋第84师伤亡团长、副营长数人，连排长三十余名，士兵千余人。其余各部均有重大伤亡。当夜，东跑池西北一八八六点四高地失守。

大战前，林彪带着作战指挥部人员到伏击地点观察地形。平型关山峦叠嶂，关前的一条公路，是敌人攻占平型关的必经之路。而地势最险要的乔沟中段约10里，两边皆峭壁，唯有老爷庙前一个缺口，是最佳伏击点。将伏击部队布置在由平型关到东河南镇十多里的东南山地上，缺口处高地正面架4挺重机枪，两翼各架3挺轻机枪，死死锁住出口。正面路口，还有国民党军队防守。这样，进入伏击圈的日军必将有来无回。

观察完地形后，林彪决定在此打一场伏击战，给友军一个有力的配合。伏击战就是预先把兵力、兵器隐蔽地配置在敌人必经之路附近，

林彪、聂荣臻率部开赴平型关前线

待敌或诱敌进入伏击区域，突然予以攻击。此种战法，常能收到奇效，是弱军战胜强敌的有效手段。中国古代兵家非常重视伏击战，林彪得其精髓，决定给骄横狂傲的日军上一课。

接到第 115 师向平型关进攻日军的命令后，聂荣臻经五台山、龙关泉，迅疾赶到平型关东南方的下关、上寨，与林彪会合。林彪介绍了平型关周围的地形和初步作战思想，认为敌人大队人马正向平型关方向运动，这里地形不错，可以利用平型关北的险要地形打一仗。聂荣臻表示同意，居高临下伏击敌人，如瓮中捉鳖。关键是如何把这一仗打好，打出八路军的气势，一战成名。因为这是八路军同日军的首次交锋，自己的队伍注视着，国民党军也在看。所以，这个仗必须打好，打出八路军的威风来。统一认识后，便着手制订作战计划，并立即向周恩来、毛泽东等报告，很快取得了中央、总部和师部上下的一致同意。

接着，林彪和聂荣臻在上寨小学主持召开了全师连以上干部战斗动员大会。林彪介绍了敌情，分析了首次与日军作战可能出现的各种情况，提出了应变办法。最后强调："今天，中华民族正在经历着巨大的考验。我们共产党人应该承担起，也一定能担当起救国救民的重任。我们一定要在这一带打一个大仗，打一个胜仗！”聂荣臻做政治报告，强调：这次战斗是八路军出师以来的第一仗，必须打好打胜，要打出八路军的威风来，以振奋全国人民的抗日情绪。我们面对的是武器装备精良、训练有素的日军第5师团。这个师团武士道精神很强，因此等待我们的将会是一场恶战，必须做好充分的思想准备。

随后，林彪宣布了作战部署：攻击部队全部在平型关东侧山地设伏，采用拦头断尾、中间突击、分割歼敌的战术，给敌人以猛烈打击。部队摆成一个蛇阵，以第343旅2个团为主攻：左面“蛇头”位置是杨得志、陈正湘率领的第685团，隐蔽在白崖台以西地区，消灭关沟—老爷庙（不含）之敌；右面“蛇腰”位置是李天佑、杨勇率领的第686团，埋伏

第115师上寨动员大会旧址

在白崖台以东公路左侧，消灭蔡家峪（不含）—老爷庙之敌。位于“蛇尾”的是徐海东率领的第344旅第687团，奉命穿过乔沟，占领东河南镇以北的高地，以便切断敌人后路。第688团作为预备队。杨成武的独立团和刘云彪的骑兵营分别向平型关东北和东边开进，执行打援任务，截断敌人交通线，配合主力作战。会后，全师组织与会干部一同前往实地勘察。当晚，第115师主力从上寨、下关至离平型关十余里的冉庄一带，隐蔽集结，待机歼敌。

夜晚时分，远在山西的朱德致电陕北延安的毛泽东，报告平型关战役的有关部署：

（一）灵丘之敌于昨晚返平型关附近，正在激战中。

（二）我一一五师今晚以三个团集结于冉庄，准备配合平型关部队侧击该敌，另以师直属部队之一部及独立团出动于灵丘以北活动。

24日晚，林彪和聂荣臻向各旅、团下达了出击命令：第343旅晚24时出发，第344旅随后跟进。午夜，部队冒雨行进，当时大雨如注，狂风不止，加上天黑路滑，行动十分困难。但全体官兵不畏恶劣条件，戮力前行，进入白崖台预设阵地埋伏，这里距敌预计经过的汽车路仅二三里。大战在即，所有参战部队已全部就位，正可谓万事俱备，只欠东风。令国人扬眉吐气的一幕大剧，即将拉开。

第115师指挥所设在乔沟东南一个小山头上，用望远镜俯视全沟，一览无遗。25日拂晓，天色微亮，林彪趴在指挥所前，旁边是一架电话机，胸前放着摊开的地图，他两手举着望远镜不停地观察着。大战前的气

在崎岖山路上行进的日军辎重车队

氛极为沉寂，正孕育着一场风暴。

随着时间的推移，只见前方远处黑压压的一片，正慢慢地向前挪动，先是轰鸣的马达声，继而是充斥于山沟间的马蹄声，日军终于来了。为首的举着一面太阳旗，紧跟着是日军小队，其后是多辆汽车、大车以及马队，他们沿灵丘至平型关公路向前线西进，晃晃悠悠而漫不经心，于7时许进入第115师伏击区。

日军自南下以来，基本没有遇到顽强阻击，所以疏于警戒，在地势险要的乔沟一带行军，居然没有派前哨侦察兵，而是大摇大摆，如入无人之境。但日军绝没料到，他们已钻进了八路军的口袋阵中，这里将是葬身之地。

林彪死死盯住日军，电话机一直拿在手上。当敌人大部进入伏击圈时，他高喊“发信号弹”。叭……叭……两颗红绿信号弹划过长空。

林彪与聂荣臻在阵地前沿指挥平型关战斗

杨得志的第685团率先打响第一枪，接着所有的兵器一起开火，向拥挤在沟里的日军发起猛攻。这突如其来的打击，给毫无戒备的日军一个措手不及，顿时汽车相撞，人喊马叫，乱作一团。

据时任第685团团长杨得志回忆：骄横的日军刚开始确实被打蒙了。但他们毕竟训练有素，在经历了最初的慌乱之后，立刻明白自己的不利处境，自觉形成3人一组，利用汽车和沟沟坎坎做掩护，就地负隅顽抗。更可怕的是，日军很快就发现我军的漏洞，没有在战场的制高点老爷庙设伏。老爷庙一带是南低北高的山地，再往北是制高点老爷庙梁。可以说，谁占领了老爷庙，谁就掌握了战场的主动权。

其实，此前第119师并非没有考虑，只是若在老爷庙这块台地上预伏部队，敌军进入设防地域时，能观察到这里的一举一动，容易暴露目标。孰料，精于战术的日军发现了这一问题，见有机可乘，便迅速派人占领，给第119师造成了很大伤亡。

杨得志

这场战斗，李天佑、杨勇的第686团打得最为艰苦，副团长杨勇主动带上第3营争夺老爷庙。冲上公路后，第3营的九连和十连伤亡很大，九连干部全部牺牲，杨勇和三营长也身负重伤。但战士们依然勇敢地与敌人拼杀，以一当十，没有子弹了就用刺刀，刺刀断了就用枪托，枪托折了就和敌人抱成一团扭打，哪怕只有几秒钟的空隙，他们也能飞速地拣起石块将日军士兵的脑壳砸碎。打到最后，2个连队眼睛都打红了，尽管伤亡很大，战斗情绪依然高涨。

杨得志回忆说：最激烈的白刃格斗，是在二、三营的阵地上展开的。二营五连连长曾贤生外号叫“猛子”，战斗打响前，他就鼓动部队说：“靠

第115师第685团向日军猛烈射击

老爷庙梁争夺战遗址

我们近战夜战的光荣传统，用手榴弹刺刀和鬼子干，让他们死也不能死囫囵了。”发起冲锋后，他率先向敌人突击，20分钟内，全连用手榴弹炸毁了20多辆汽车。在白刃格斗中，他一个人刺死了十几个日军士兵，身上多处负伤。这时，一群日军士兵向他逼近，曾贤生拉响了仅有的一颗手榴弹，与敌人同归于尽。他视死如归的壮举，极大地鼓舞着身边的战友。指导员身负重伤，依然指挥部队；排长牺牲了，班长顶替；班长牺牲了，战士接着指挥。就这样，前赴后继，顽强地与敌人拼杀！

九连二排排长秦二楞是个天不怕地不怕的猛张飞，他总是冲锋在前，尽管身负好几处伤，但一往无前。战斗中，九连副连长郭春林不幸受伤，当一个日军士兵朝他扑去时，秦排长毫不犹豫地冲上去，只听“扑哧”一声，一刀就把敌人刺了通心透，瞬间倒下。这时，几个嗷嗷叫的日军士兵又

第115师将敌人分割包围，展开激烈的肉搏战

扑了上来。秦排长胸前背后四把刺刀闪动着,可他面不改色,转着圈对付。当他拨开前面的两把刺刀时，另一个日军士兵猛地向秦排长刺来，他猝不及防，被刺中腰部。秦排长痛苦地皱了一下眉头，紧接着，他使出全部力气，也猛地还了敌人一刺刀，这才摇摆着身子，和敌人倒在一块，壮烈牺牲。

常言道，狭路相逢勇者胜。八路军武器差，射程短，当实力不济时，拼命往往是最好的解决方法。这是血战，是意志的搏斗，亦是毅力的考验。他们果敢地与敌短兵相接，白刃格斗，殊死搏杀。据当时在三营任排长的田世恩回忆：我们乘机直奔老爷庙。占领老爷庙的一小股敌人见我们开始往上爬，机关枪扫个不停，沟里的日军也从后面涌上来。这时二营从侧面冲过来,消灭了涌上来的敌人。我们没了后顾之忧,继续前进。我带着两个班的战士冒着弹雨，匍匐前进，在离山顶不远处向敌人投弹。敌人的机枪哑了，他们就端着刺刀冲上来。有经验的人都清楚，这种依托阵地的反冲锋是很厉害的，但我们人多，三五个战士对付一个敌人，一个敌人最少也要挨上两三刺刀。日军第一次碰到比他们更为勇敢的军队，锐气顿挫，败下阵来。我军占领老爷庙后，居高临下进行攻击，打得沟里的敌人无处藏身。

日军此时如梦方醒，急忙组织兵力冲锋，想夺回高地。但脚蹬皮靴的日军士兵，在雨后湿滑泥泞的坡上，爬山的速度极慢。在八路军的近战射击下，只有被动挨打的份。

经过约 6 个小时的激战，至 13 时许首战告捷。战斗结束后，只见敌尸和马尸横七竖八，在长长的沟底和两侧山坡上，到处皆是。被第 119 师击毁的日军汽车和大车，东倒西歪，四处倾覆，还冒着滚滚浓烟。汽车上面和车轮下面都是日军的尸体，有的还挂在汽车挡板上，从姿势看，显然是没来得及下车就被击毙。

接下来是清理战场，收缴战利品仅仅是一部分，还有更重要的任务，就是收殓埋葬为国捐躯的战友。在这段十里战场上牺牲的同志，无论年龄大小，都是老大哥。第 685、686 团都是由中央红军改编而成，他们曾经走完了两万五千里征程。每埋葬一位战士，战友们的心里就好像压了一块重重的石头，因为所见实在太惨烈，令人不忍卒看。

在第 686 团冲锋出发地不远的地方，有一位战士斜卧在斜坡上的一块石头旁。他双手做出射击姿势状，头部有伤口，身旁有子弹壳，可见牺牲时还在战斗，他的膝盖处有一大片血印。原以为他的腿上也受了枪伤，可卷起他的裤腿一看，没有枪伤的痕迹，膝盖骨却全碎了。猛抬头，看见石头残缺了一角，残缺处有血迹。毫无疑问，他的膝盖是被石头撞碎的，只为陷敌阵，不惜筋骨碎。战士们是何等的勇猛啊！不少战士是和敌人扭打在一起时牺牲的。有个战士，双手掐着一个日

平型关大捷示意图
（1937年9月25日）
下牛还
汤头
蔡家峪
韩淤地
东河南
西沟
小寨
21师
21旅团第21联队
第1大队、第2大队
团城口
84师
21旅团
后续部队及辎重车队
(9月25日)
687团
石灰岭
1468
21旅团
第21联队第3大队
第42联队第2大队
第11联队第1大队
附1个炮兵大队
老爷庙
686团
115师
71师
东跑池
兴庄
白崖台
72师
西跑池
涧头
685团
关沟
73师
平型关
平型关
东长城
35军
61军
独8旅
688团
横涧
桥儿沟
独3旅
冉庄
图例
明代内长城
隘口
国民党守军阵地
中日军队交战地
八路军开进路线
隐蔽地域
国民党阻击方向
日军进攻路线

平型关大捷示意图

本兵的脖子，指甲都抠进了敌人的肉里去。他目眦尽裂，眼睛还睁着。还有个战士，手里握着手榴弹砸在日本兵的头上，双腿已断，身后留下了一长串血迹，看来是负伤后忍着伤痛，向前爬行了很长一截，牺牲前还砸死了一个敌人。我们的同志又是何等顽强！一位战士，伤在腹部，肠子都流了出来，他是在身负重伤后过了一段时间才牺牲的，因为地上有挪动的痕迹。但他没有管自己流出来的肠子，而是用手扶着上衣口袋，打开一看，小布包里装的是一枚红五星。他坦然死去，脸上没有痛苦的表情，嘴角上似乎还挂着微笑。想必他在弥留之际，一定想到他参加革命时的幸福情景。下葬前，眼里噙着泪花的战友将手巾沾湿，替这位战士擦了擦脸，那张英武的脸庞是安详的，仿佛睡去一般。随后将五角星重又包好，放入战士的上衣口袋中，并按他故去前的姿势摆好。让他怀着美好的梦境，长眠在祖国的大地上。

这次战役，是八路军抗击日军的首次大捷，亦是中国军队局部战斗全歼来犯之敌的一个胜利，全师上下无不欢欣鼓舞。据当时代理师参谋长的孙毅后来回忆说，平型关大捷的晚上，一向沉稳、平静、内向的林彪竟和他、聂荣臻三人同睡一个土炕上，因胜利而兴奋得一夜未合眼，从晚 9 时一直聊到天亮才迷糊一会。

战斗接近尾声时，林彪对孙毅说，请你辛苦一趟，到山下电台去，给八路军总部并延安的毛主席发个电报，报告前线的战况。孙毅顺着羊肠小路一路小跑，很快就到了山下的土地庙，第 115 师的电台就设在这里。他将心中拟好的腹稿写在纸上，大约有 150 个字，交给译电员，让他立即发报。孙毅和随行人员坐在那里等着，直到译电员报告说对方回电已收到，他这才往回返。

收到电报后，毛泽东非常高兴，给予第 115 师充分肯定。他于 9 月 26 日致电朱德、彭德怀、任弼时等，庆祝八路军开赴抗日前线旗开得胜。

八路军在平型关取得运动战的胜利，使得毛泽东对把握作战方针的认识有了明显改变。这以后，他在布置开展游击战的同时，对于集中兵力作战给予了更多关注，并逐渐形成了以游击战为主，兼顾有利条件下进行运动战这样一个更为全面、完善的战略方针。

平型关一役，是八路军与日军首战，此前对敌方不甚了解。第 115 师选择了突袭运动战，虽与非战斗部队为主的日军接触，但还是予以痛击和围歼，同时亦领教了日军武士道的狂热。战场上瞬息万变，应该如何应对？这需要历练，才能逐渐成熟，勇谋善战。因此，无论是经验还是教训，都值得反思与借鉴，以便在今后的战斗中汲取有益的部分，避免不利的一面。

26 日上午，朱德、彭德怀等来到第 115 师驻地冉庄进行战斗总结。朱德分析了日军的强弱点，强调："事先我们曾很好地侦察阵地，看清了敌人的动作、位置，作了适当的部署，选择了良好的出击时机及突击点。突击开始后，我军上下一致，勇猛动作，配合行动，积极地同时向敌进攻。我们完全占到主动地位，以短少时间即将敌压迫在深沟里不利的地点，使敌之优越的技术、兵器不及发扬。而我们可利用火力与白刃杀伤敌人，并能神速扩张效果，压倒和消灭各个主要阵地上的敌人。因此，取得了这一胜利。"同时进一步阐述了八路军的战略战术，深刻指出："在战略上，我们打的是持久战，消耗敌人的战斗力量和补给。在战术上，我们打的是速决战，因为我们在军事上比敌人弱，我们永远避免阵地战，而是混合使用运动战和游击战，打击敌人的有生力量。同时，我们发展游击战，扰乱、吸引、分散和消耗敌人。我们的游击战给敌人增添了很多困难，这就便于我们的正规部队在有利情况下展开运动战。”最后，朱德赞誉平型关之胜：“混乱溃败的战局，已初步稳定，兴奋了山西、华北以至全国人民，给日本帝国主义长驱直入，一往无敌的气焰，减煞不少。”

作为平型关战斗的主要参战部队，第115师第685团于10月12日撰写了战斗详报，总结了平型关战斗有如下优缺点，并对今后战斗中应注意的事项提出要求。诚如八路军总司令朱德所撰写的《八路军半年来抗战的经验与教训》一文中所言：“我们以劣势武器要战胜现代化的强敌，在战术上就必须善于灵巧机动地使用自己的兵力和兵器，

平型关大捷后第115师战士凯旋

发挥自己旺盛的攻击精神，选择有利阵地与时机，抓住敌人弱点，集中优势的兵力与兵器，采用秘密、迅速的动作，出敌不意，突然袭击，进行肉搏，坚决消灭之。”通过所述诸多细节，让我们了解了当时八路军非常真实的基本状况。这是一支能打硬仗但还缺乏作战经验的队伍，还需要提高军事素养和能力。假以时日，将会成为抗击日军的一支重要力量。

A、优点

1.接敌中动作迅速隐蔽秘密很好，未受远火器的杀伤。

2.在进攻中的猛打猛冲的动作是继续了过去的传统精神。如一营二连及一连由山上很迅速打下去，一营一连打得很猛，三营三连在马路右边动作很好，能绕过敌侧背动作。

3.此次战斗中的自动性很好：如一营一、二连能自动的占领右边的山头，起了右翼进攻中以有力的作用，这是由于干部的机动性好、有战术素养所得来的。

4.此次战斗虽伤亡不多，其数亦不少。卫生队能很迅速安然的将伤员收容下来，这是由于卫生部门的负责，担架员的努力及政治部的协同。

其他一般的优点在此不述。只是团的范围内所表现的有这些。

B、缺点

1.有少数连队首长接受命令仓惶：如二营二连要他占领关沟以北的阵地，反而把队伍带到靠左边的山上去（即副师长的指挥所），然后再派三连去才把敌人模塌了。

2.进攻中火力与运动相配合还差：此次战斗对自动火器的指挥很不够。如一营机枪排放在后面不指挥，他反而被敌人散兵震动了，失掉了进攻中有力的火器，反受敌人火力的杀伤，对保持有生力量很大的障碍。

3.有少数干部个人勇敢：如一营营长自己跑在前面，失了部队的掌握，二营一连连长曾贤生自己个人跑去打手榴弹打枪，失了指挥作用。

4.对于前进路线的侦察还差：如二营有个排，在敌火下成横的运动反复二三次。不事先侦察好路线，这是不合乎战术动作对伤亡是要加大的。

5.由于前进路线不够而影响到队形的不适。好似一群水鸭一样赶来赶去，忘记了过去演习中的队形，这亦是伤亡大的一个原因。

6.对于搜索不注意：在廿五日的黄昏后，敌人蜎集东跑池的村庄内潜伏，我们的部队以为敌人逃走了，结果要三营追击，尖兵排通过了这个村庄，待主力来到，敌人便用机枪大打起来，这是被敌人欺骗了。

7.射击指挥差：此次战斗敌人死伤者是手榴弹炸死者为多，子弹打死者较少，这是由于射击不精确，干部不指挥，战士自行找目标乱打。

8.纪律性差：如二营四连一班人带到沟内去躲起来；一营机枪排在营展开地集结，被个别散兵打散了；一营四连看敌人打枪（并没有冲锋）则往后退缩，连吹二次前进号不前进，吹了三次不答号。这是由于纪律不严、警戒疏忽、不沉着所致的结果。同时在战斗过程总有个别战士零零星星掉下来东跑西跑。

9.对于胜利品的收集与爱护差：有些战士把西药瓶子打烂，糟蹋药品，防毒用具割烂，把镜子做风镜，把滤罐做水壶，把袋子做干粮袋，对胜利品的收容亦不注意。

10.手榴弹失火很严重：因过去对手榴弹教育还不够，此次三营袭击敌人被自己手榴弹炸伤十七人等。

C、以后战斗中应注意

1.以后战斗中或平时对于警戒应严密，不应疏忽马虎，在待机中或集结地均应派出警戒，防敌意外之突然袭击。

2.在不妨碍前进的条件下，在开阔地逐段前进中应行土工作业，防敌反突击。此次战斗各连队均不甚注意。

3.在敌火力下退出战斗应注意轮番交互的掩护及秘密隐蔽，此次退出不技术，在敌火下受其杀伤及无次序。

4.对于战斗后的报告要快，每一战斗稍为结束按级清查，立即报告上级。战斗中的详细情形待战斗完全解决后再报告。但此次很慢，数目不精确，尤其是缴获的胜利品不登记打埋伏，抹杀了战斗的成绩。

5.对于胜利品的收容，应注意组织。每一次战斗前，应有计划有组织的组织好，分别派员负责伤员胜利品俘虏等收容队。

作为此次战斗的直接指挥者，第115师师长林彪在各旅、团总结的基础上，于10月17日撰写了《平型关战斗的经验》一文，对是役加以全面归纳。该文发表于延安《解放》杂志1937年11月号，1938年2月5日《救国时报》予以转载。为了能够了解当时情景下真实而全面的想法，特将全文摘录如下：

第八路军终于在九月中旬开到了晋北的前线，它开始执行它在抗日战争中的神圣任务了！

在全国同胞热烈的期望下，我们于九月二十五日在平型关与日军接触了。不负全国民众与友军的期望，不负第八路军十年来的荣誉，我们这次的第一次交战获得了伟大的胜利！这一仗的确给了日军以重创，提高了全国军民的抗战的信心，特别是更加提高了第八路军的威信！

在这次初步与日寇交锋的战斗中，我们更获得了不少抗战的经验。这不但值得第八路军全体指战员与战斗员学习，我也愿意把它贡献于全国的抗战的友军与一切抗日的民众，作为对今后抗战的认识。据我个人在这次战斗中所感觉到的是：

一、一到山地战，敌人的战斗力与特长均要大大降低，甚至于没有。步兵穿着皮鞋爬山，简直不行，虽然他们已爬到半山，我们还在山脚，但结果我们还要先抢上去，给他们一阵猛烈的手榴弹，他们只好像滚萝卜一样的滚下去了，至炮兵则难于运动与找阵地。坦克呢，有些地方真使它有“英雄无用武之地”之感。飞机的作用也不大。

二、敌人轻视中国军队，成了习惯，便由骄矜而疏忽，不注意侦察警戒，不爱做工事了。打起仗来，先让飞机和大炮显神通。等到猛攻时，他们的步兵连阵地也不爱占领，只隐蔽在沟里休息。这样的敌人，当然便利我们袭击，所以我们这次，一切布置得妥妥当当了，向他们开枪了，冲锋了，他们才知道。

三、敌人不仅是弹药要靠后方输送，连粮食都要靠日本送来。他们的后方线已扯长有千多里。在这样情形下，把他们后方线一切断，他们的困难就可想而知了，可以弄得他们进退维谷。所以发展游击战在敌后方线上活动是非常重要的。此次平型关战斗，我们正是派了一部分人在敌后路上阻滞其增援部队及粮食供给。最近又占了浑源、广灵等县。

四、利用敌人攻击友军阵地时，袭击敌人侧后方，这是最好的战法，比在其行动中和刚到阵地而未站住脚时去袭击还要好些。这次就是利用敌以全副兵力注意对付友军时，突然在他们的后方大打起来。

五、为了避免他们的炮兵和飞机，战斗开始后要迅速接近敌人，投入肉搏，连续冲锋，使敌人的炮不好放，要放就连自己的队伍也遭了殃。

六、友军在战斗中的配合，实在太差了。他们自定的出击计划，他们自己却未能遵守。你打，他旁观。他们时常说要决战，但却决而不战；或向敌人打，而又不坚决打。他们的部队本来既不充实，在一个出击中，却以区区的八个团兵力分成三大路，还留了总预备队，而每路又相隔十多里或二十多里。这样不仅缺乏出击力，而且连被我们打败了而退下的敌人他们碰着了，竟不但不能消灭之，反而被这些突围的敌人冲坍了，他们的指挥太不灵活，特别不能真正了解与运用在战役上于决战的地点与时机集中绝对优于敌人的步兵、炮兵、飞机以猛攻敌人。

七、敌人实在有许多弱点可为我乘，但敌人确是有战斗力的。也可以说，我们过去从北伐到苏维埃战斗中还不曾碰过这样强的敌人。我说的强，是说他们的步兵也有战斗力，能各自为战，虽打败负伤了，亦有不肯缴枪的。战后只见战场上敌人尸体遍野，却很少捉着活的。敌人射击的准确，运动的隐蔽，部队的掌握，都颇见长。对此种敌人做战，如稍存轻敌观念，做浮躁行动，必易受损失。我们的部队仍不善做疏散队形之做战，特别是把敌人打坍后，大家拢在一团，喧嚷“老乡!缴枪呀!”其实对日本人喊“老乡缴枪”，不但他们不懂，而且他们也不是老乡。这种时候，伤亡往往很多。在“抗大”的军事教育中，特别要教育干部了解正规战斗中的战斗队形之运用。

八、日兵之死不肯缴械，一来因日本之“武士道”教育、法西斯教育，同时也因他们对中国军民太残暴，恐怕中国人报复。但最主要的，是过去“华北军队”对日军俘虏政策之不正确，采用野蛮的活埋、火烧、剖肚等办法。故我们今后须加紧对日本士兵的日文日语的政策宣传与优待俘虏。

九、夜袭是战胜日寇的重要作战手段。敌怕夜袭，他们的技术威力一到夜间有的竟至全无作用。我们要努力，非常努力地去学习夜战，以此为特长以战胜日寇。

十、我军在目前兵力与技术条件下，基本上应以在敌后袭击其后路为主。断敌后路是我们阻敌前进争取持久的最好方法。如经常集中大的兵力与敌作运动战，是不适宜的。

十一、“中央军队”如果还是守着单纯防御战略，是很不适当的。他们对主要点应坚工固守，而不应到处守，应行决战防御与运动战，应集中优势兵力、飞机、大炮于决战点。至于他们军官的调动，政治工作的建立和对群众关系的改善，都是他们很重要的问题。

十二、我军的军事技术，特别是战斗员与班排连长的技术，与战术的教育，实在还需大大的努力。过去大半年，部队虽然得到了休息整顿的机会，在风纪、礼节与正规化上进步很多，但对战术训练还很差。今后应努力此方面的教育。

经过这次的战斗，部队中的一般情形更加活跃了，战斗的情绪高涨到万分。战地群众对我军与友军完全是两个态度。八路军所到之处，受群众热烈的欢迎与表扬，不是无因的。

这一切经验与教训都值得我们虚心地学习，运用在今后的抗战中，这些都是我们争取抗战胜利的必要条件！

由于八路军对日军的战术及战斗能力并没有感性认识，此战也有两个“不足”。一是伤亡太多。在一场战争中，敌我军队伤亡之比，是衡量作战结果的重要标志。而此役双方对决，战死人数不相上下。按说第115师居高临下，出其不意，又两倍于敌人兵力，获胜本应探囊取物，可结果却大大出乎意料。据说林彪得知这一情况后，半晌说不出话来。二是未能生擒一酋。一场战斗，俘虏多少，是战果的一个标志，可惜此战未有收获。这一方面表明日军都是亡命之徒，死不缴械，作困兽犹斗，双方的搏杀是何其残酷；另一方面则暴露了八路军缺乏对日实战经验，抓俘心切，未及得手，反而近距离被垂死的日军杀伤。据亲历者回忆：一营的一个电话员，正沿着公路查线，看见汽车旁躺着一个半死的敌兵，他跑上去说：“缴枪不杀，优待俘虏！”可没等他说完，那家伙扬手一刺刀，刺中电话员的胸部。时任第686团组织处股长欧阳文也回忆说：战前我们给战士做动员，说是要优待俘虏，我们准备要抓1000个俘虏，好送到全国各地去做“展览”，以扩大八路军的政治影响。结果一个也没有抓到，当时日军还真有点“武士道”精神，到死都不投降。我亲眼看着我们团的一个副营长背起一个日军的伤员往后走，结果被他把耳朵给咬下来了，气得旁边的一个排长一刀把那个日军伤员的脑袋给砍下来了。更有的战士去给受伤的日军裹伤，结果反被打伤了。有的日军伤兵同我们的伤员扭打，直到拼死为止。战后，林彪在营以上干部会上做了总结，他谈了两个感受，其中之一就是“我们过去从北伐到苏维埃战斗中还不曾碰到这样强的敌人。战后敌人尸体遍野，却捉不到活的。今后打鬼子，务必豆腐当铁打，不可大意”。

9月26日晚，第115师在东长城村召开平型关战斗祝捷大会，聂荣臻副师长发表讲话，赞扬参战指战员英勇杀敌、不怕牺牲的革命精神，同时也感谢当地百姓热情支持抗战。

9月28日，八路军第115师最后一批指战员撤离平型关。就在同一天，板垣征四郎亲率7000人马由灵丘西进。先头部队第21联队第3大队首先目击了三天前激战留下的残迹，多年后日本出版的《滨田联队史》上有如下记载："9月28日，龙泽中队得到友军的支援后，勇气百倍再次继续前进中，此时遭到意外情景，一刹那间吓得停步不前。冷静下来看时，行进中的汽车联队似遭突袭全被歼灭，100余辆汽车惨遭烧毁，每隔约20米，倒着1辆汽车残骸。公路上有新庄中佐等无数阵亡者，及被烧焦躺在驾驶室里的尸体，一片惨状，目不忍睹。想到平岩大队25日按支队命令前来救援，半路上却受到比我方多十几倍敌人的包围，终于未能到达目的地。为此，竟造成了如此悲惨景象，痛切心情，难以言表。用了长达3个小时，才把一辆辆烧焦的汽车拖到公路的一边，处理好阵亡者的尸体，公路勉强可以通行。龙泽中队开始前进，到达岭上。从岭上向峡谷一看，辎重车辆队不是也全部覆灭了？公路不是被辎重车辆、层层叠叠的人马的尸体堵塞着了吗？"

这里，正是第21联队长粟饭原秀所部的大行李队及山口、中岛2个大队的大小行李队遭到覆灭的地点，宛如地狱图画的悲惨情景。日军在此用了近2个小时收尸、清障，才勉强挪出一条续行通道。这时，在半山腰发现并救出3名半死不活的伤员。随后，部队继续前进，下午3时到达师团司令部，立即向师团副官报告了情况。

四 | 一战成名天下扬

八路军取得平型关大捷的当日，朱德、彭德怀发布了关于此战捷报：我一一五师今晨八时出击平型关北面之敌，于十二时许占领关沟、辛庄、东跑池一带敌阵地，缴获汽车五十辆，满载军用品，俘虏二百余人，敌伤亡甚重。但战斗尚未解决，仍向东跑池、团城口以东地区激战中。

9月26日，朱德、彭德怀又致蒋介石密电：一一五师有（廿五）日八时进行战斗，至廿四时止尚在激战中，将平型关以北东跑池、辛庄、关沟及一八八六点标地完全攻占，计已缴获汽车六十余辆、小摩托车三辆外，炮一门、炮弹二千余发，俘虏敌官兵三百余名。另有敌一部约四五百人、马数十匹被我军完全包围，死不缴械，故全部打死。

同日，八路军总部就平型关首战告捷致南京军委会电：九月廿五日，我八路军在晋北平型关与敌万余人激战，反复冲锋，我军奋勇无比，将进攻之敌全部击溃，所有平型关以北之辛庄、关沟、东跑池一带阵地，完全夺取。敌兵被击毙者尸横遍野，一部被俘虏，并缴获汽车、坦克车、枪炮及其它军用品甚多，正清查中。现残敌溃退至小寨村，被我四面包围中。

30日，林彪、聂荣臻关于平型关战斗缴获情况致毛泽东、朱德等电，此次战斗缴获如下：

（甲）廿五日汽车七十六、摩托车三，廿九日又获汽车三辆，共八十二辆。

（乙）七生（70mm）的山炮弹二千七百八十八发，七生五（75mm）的炮弹五十二发，引火四百个，九二小野炮一门。

（丙）步枪弹三五九五发，机枪弹六七〇〇发，内有四〇〇不通用。

（丁）步枪一七二支，短枪十三支，轻机枪共四支。

（戊）洋马十五匹，骡驴三匹。

（己）防毒器具共百余付。

（庚）我三个团吃两天的给养及其他行李文件物品颇多。

（辛）工作器具十八个。即送胜利品炮及弹共百余牲口，准备运衣服之牲口运送石咀，请派人接收。

10月1日，毛泽东关于平型关战役战果致博古、叶剑英和潘汉年的电报：二十五日平型关战役，除缴获汽车八十二辆，大炮一门，炮弹二千余发，步枪数百枝，打死敌人一千多人外，还包围了敌之高级司令部，缴获秘密文件甚多，其中有敌整个华北作战计划及标示目的之日文地图。被围残敌乘夜从晋军阵地突围而逃。是役晋军本约定二路出击，乃打至黄昏才出动，致未能全部消灭该敌。我军伤亡四百余人，内有副团长、副营长二三名。是役已将敌攻平型关计划破坏，但敌还从雁门关一带进攻。

平型关大捷，引起全国轰动，各界纷纷祝贺八路军出师华北旗开得胜。董必武从武汉致函毛泽东说，国统区人民赞扬八路军的胜利，它“不仅与平汉、津浦两路战事成相反的对比，即与上海方面相比，亦令人看出八路军的不同”;新闻界“见到我们的人一开口就说:晋北得你们，八路军打得顶好”。

蒋介石也兴奋不已,在26日一天内迭电朱德、彭德怀,称“有(二十五日)日一战,歼寇如麻,足证官兵用命,指挥得宜。捷报南来,良深嘉慰,尚希益励所部继续努力,是为至盼”,“部署周详,至深嘉尚。希奋勉杀贼,以完成民族革命之大业，为盼”。后又发来嘉奖电：接诵捷报，无任欣慰，着即传谕嘉奖。随后，又让阎锡山派遣慰问团、宣传队前往祝贺，并派记者加大宣传力度。

阎锡山的部队敲锣打鼓，抬着猪、羊来到第115师驻地庆贺。国民党的文艺团体也赶来慰问。当地的百姓更是自发地前来慰问，一批接一批，连五台山的僧人也加入了欢庆的队伍。八路军进驻五台后，据说一些店铺里出现两种价格，对抗日有功的八路军实行优惠，而对败退的国民党晋绥军、中央军则卖高价，使国民党官兵十分恼火。

大捷第二天，国民党《扫荡报》记者来到第115师师部，他们带着摄像机，是来拍摄新闻纪录片的。林彪对该报是由国民党复兴社所办非常不满，不愿接待。聂荣臻劝说道，处于当下的统战环境中，国民党宣传八路军打胜仗也是好事，这才应允。他们让林、聂等人前往当天的师指挥所里，按前一天的场景，再现了平型关大捷的一些镜头。

当时受蒋介石委派，前往山西任第二战区副司令长官的湖北省政府主席黄绍竑，平型关大捷的次日正在石家庄。他这样描述了当时国人对这次胜利的反应："在石家庄忽然传来八路军在平型关打了一个大胜仗，当地人民以无比兴奋的心情庆祝这个胜利，竟然在那种时候放起鞭炮来，几乎把战机的空袭都忘记了。"

接连几日，八路军收到党政军领导人、各省、社会各界祝捷电甚多。委员长武汉行营致电第八路军参谋处：宥电敬悉。贵路军一战攻克平型关，毙敌遍野，俘虏甚多。忠勇之气，益寒敌胆。特电驰贺，续候捷音。

杨虎城致电第八路军总指挥：宥电奉悉。激战歼敌，举国同欣。谨电驰贺。

龙云致电第八路军总指挥：宥电告捷，闻之欣喜。吾兄指挥若定，胜算确操，军威所至，敌胆为寒。际此民心未固之时，忽闻吾兄捷报，不惟昭示部队，足使顽廉懦立，亦将昭示各军暨新出发各部，攘臂愤发，士气百倍。是我兄一举，关系战局甚大。望努力一心，灭此朝食，国家之福，亦国人所望也。

福建省政府致电第八路军参谋处：捷报遥传，强敌披靡，翦彼凶顽，申我国威。

浙江省党部致电第八路军参谋处转第八路军总指挥、副总指挥暨全体将士：接奉宥电，敬悉克服平型，斩俘殆尽，具见指挥若定，成算在胸，忠勇善战，奋发无前。尚祈乘胜长驰，复我失地。

湖北省党部致电第八路军参谋处转全体将士：宥电奉悉。贵军抗战晋北，杀敌致果。捷报传来，曷胜喜慰。尚冀迅歼倭寇，以张国威。

中華民國二十六年九月二十八日 中央日報

中央日報

晉北我軍大捷

平型關以北完全克復

敵給本兵團被我解決

本報啓事

近三日來本報印刷部……半張自明日起仍恢復……

中央通訊社啓事

《中央日报》刊登八路军平型关大捷的消息

国民党江西省党部致电第八路军总指挥暨全体将士：捷报传来，举国兴奋，特电驰贺，仍希乘胜追驱，灭此朝食。

江苏绥靖公署致电第八路军参谋处：宥电敬悉。捷音传来，举国兴奋。

安徽省政府致电第八路军总指挥、副总指挥：宥电敬悉。平型激战，克敌扬威。捷报传来，曷胜欣佩。

上海市职业界救亡协会于 9 月 28 日致电八路军：贵军受命抗敌，立奏奇功，挽西线垂危之局，破日寇方长之焰。捷报传来，万众欢腾。谨电驰贺。

著名爱国志士、老同盟会会员、时任第二战区战地动员委员会主任续范亭先生战后所著之文，充分说明了这场战斗的影响：“谨按平型

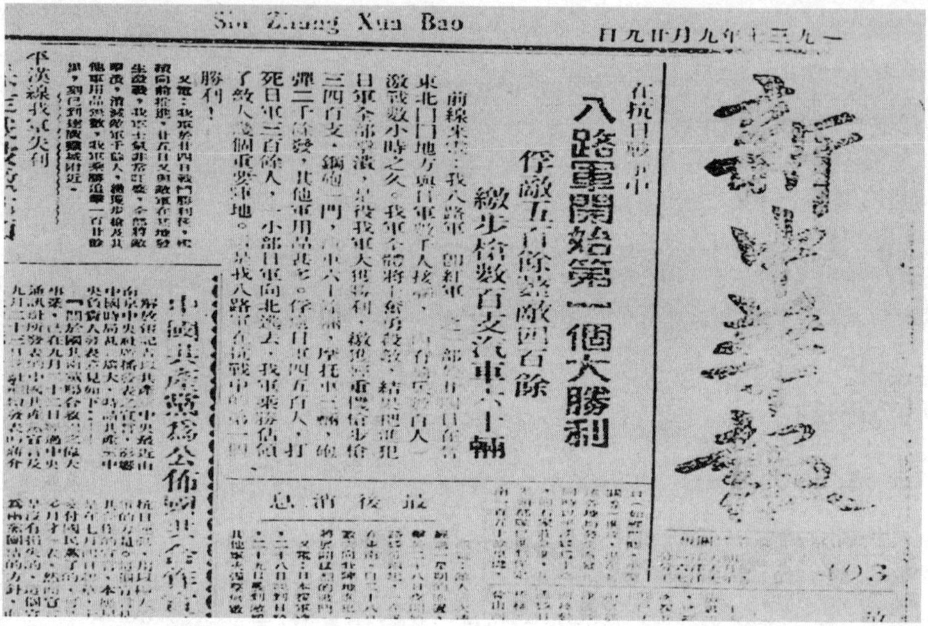
Sin Ziang Xua Bao
一九三七年九月廿九日
八路軍開始第一個大勝利
俘敵五百餘
繳步槍數百支汽車六十輛
最後消息

延安《新中华报》报道八路军平型关首战大捷的消息

关战役，八路军的大捷，其估价不仅在于双方死亡的惨重，而在于打破了‘皇军’不可战胜的神话，提高我们的士气。在敌人方面，从南口战役以来，日寇长驱直入，如入无人之境，在平型关忽然受到惨重的打击与包围被歼，使日寇知道中国大有人在，锐气挫折，不敢如以前那样的长驱直进。忻口战役敌人未敢贸然深入，我军士气高涨，未尝不是平型关歼灭战的影响。”

英国《每日先驱报》发表评论：“一部分进攻的日军在平型关遭受惨败，那是一种山地上的运动战，但它展开了中国抗战的新局面，防守的军队在这里第一次采用主动进攻的战术，用积极的进攻行动回答日军。”

法国《救国时报》载：“平型关的战斗，是林彪将军亲自指挥的，将军马到成功，获得了抗战以来第一次大胜利，非但有功于民族，且已驰名世界。”

其他如南京《中央日报》、上海《救亡日报》、延安《新中华报》等报刊以及相关电台，都相继报道八路军平型关大捷的消息。延安、太原、石家庄、武汉等城市各界群众纷纷集会庆祝八路军的辉煌胜利。11月24日、29日，《新中华报》连载第115师政治部宣传部部长萧向荣的战场日记片段《平型关战斗纪实》，详细报道了该师平型关战斗的全过程。

五　血染疆场战役终

傅作义于9月24日拂晓到达东山底第六集团军总司令部，了解平型关地区战况及敌军情况，与杨爱源总司令商定调整第15军2个师的部署。上午9时，两位将军与第115师联络参谋商定于25日拂晓，以第71师配合第115师攻击团城口之敌。黄昏时分，第六集团军总司令部送来《平型关出击计划图》，注明25日拂晓后开始实行。计划分五路出击，希望八路军担任东河南及蔡家峪两路。

团城口位于平型关北5里处，为平型关隘前制高点，也是晋北主阵地之要点，一旦被敌突破，雁门关便感受威胁。当日夜，日军第21旅团主力再次对团城口至东跑池一线守军猛攻，双方在大雨中彻夜激战。次日凌晨4时，板垣师团长致电三浦敏事，祝贺其进展顺利，告知已派辎重联队运送弹药、粮秣、被服，同时派1个步兵大队前往支援。高桂滋的第84师自22日以来，连续抗击日军三昼夜，伤亡惨重，2000余人殉国。在日军强大攻势下，守军求援未果，于25日上午10时许弃守，东跑池至团城口间约2公里的阵地丢失。

平型关战斗结束后，第 115 师参战部队即按预定方案，开始第二步推进：第 686 团向东跑池之敌攻击，第 685 团继续控制关沟、兴庄及以西山头阵地，以阻击敌先头梯队掉头东援。

东跑池位于平型关以北，老爷庙以西。第 685、686 团分南北两路向敌人发起攻击，并于黄昏抢占周围高地，将日军包围在东跑池一带的盆地。第 71 师及独立第 8 旅则向东西跑池、鹞子涧一线出击，因在涧头受到已先期占领该地日军的猛烈阻击，未能及时出击东跑池地区的敌人，致使粟饭原秀第 21 联队的 2000 余人向西北团城口方向退却。原定合击日军的计划未能实现，中国军队丧失了扩大战果的一次绝好机会。

八路军平型关伏击成功的同时，傅作义、杨爱源等部加紧收缩围攻团城口敌军第 21 旅团主力。日军第 5 师团长坂垣征四郎急令第 21、42 联队向平型关增援。中国军队集中优势兵力，激战至晚，将包围圈逐渐缩小。

27 日至 29 日，中日双方在平型关展开激烈的争夺战，相持胶着，死伤累累。

第685团阻击战遗址，左路口通关沟，右路口通东跑池

晋绥军平型关抗战遗址，东跑池村南内长城

27 日，东跑池之日军，步、空、炮协同攻击鹞子涧、迷回村、盖房沟等守军阵地，战斗甚烈，守军频频告危。同时，关东军察哈尔派遣兵团十川支队配合第 5 师团攻势，经浑源南下，向平型关左翼绕攻团城口，在西河口遭到第 17 军第 21 师阻击，未能得逞。日军在茹越口之地增兵 3000 人，以加强攻势，一部攻击应县内长城小石口，另有 2000 余人向朔县进攻。同日，中国空军轰炸了平型关一带的敌军阵地。

28 日，平型关再度激战，各阵地守军出击，夺回山头、村庄数个，歼敌近千。第 72 师程继贤第 434 团因突入太深被敌包围，除数十人突围外，团长以下千余人阵亡。同日，在茹越口的关东军独立混成第 15 旅团发起猛攻，以策应平型关方向的第 5 师团。

茹越口作为内长城防线的交通要冲，是从应县至繁峙的必经之处，为兵家必争之地。阎锡山虽在此处筑有国防工事，但山地纵深较浅，又为晋绥军与中央军刘茂恩部结合地，守军兵力单薄，仅有第 34 军梁鉴堂第 203 旅防守。该旅第 227 团顽强抵抗，损失惨重，日军未有进展。翌日，日军再度强攻。激战至午，防线终被突破，旅长梁鉴堂率余部退守繁峙以北铁角岭继续抵抗。日军尾随而来，重兵猛攻，梁鉴堂身先士卒，在前沿阵地督率余部与敌鏖战，不幸中弹，壮烈殉国 。旅长以下官兵 1400 人血洒疆场，阵地失守。当日午夜，阎锡山向南京大本营发出特急电，报告内长城战况。

29 日上午，阎锡山赶赴平型关前线视察战况。平型关、东跑池、团城口守军继续与敌激战，日军虽不断增兵，但始终未能突破守军防线。而突破铁角岭守军阵地的日军继续南下，当晚占领繁峙县城。

是时，平型关、团城口方面之敌被中国军队阻击，不得前进，其后方又不断受到八路军袭扰，补给困难，进退维谷。雁北方面，关东军独立混成第 15 旅团突破茹越口，侵入繁峙城，虽也威胁守军主战场侧后，但好在后方兵力数倍于敌。此刻，若能对全局状况做出正确判断，上下同心，调集雁门山、恒山的强大部队多方夹击，是可以一举歼灭茹越口、繁峙城的有限之敌的，这样不仅能够打破危局，进而可争取促进平型关、团城口前线取得决战胜利。但阎锡山稍临前敌，被阻中途，心惊惶然。

当日深夜，阎锡山在砂河以南东山底召集前线高级将领开会，商讨对敌之策。傅作义提出两个方案：一是调集繁峙县城附近的马延守、姜玉贞和方克猷 3 个旅围攻繁峙县城，予以牵制。而已过繁峙东的第 35 军董其武、孙兰峰的 2 个旅仍向团城口前进，先击垮六郎城、鹞子涧线上之敌，配合活动于此的八路军，歼灭平型关外的板垣主力兵团。被围阻于繁峙、茹越口的关东军派遣兵团所部，亦不难转手加以解决。二是坚持平型关、团城口阵地，由位于繁峙城东西两侧的第 35 军全部兵力夹击入侵繁峙之敌，驱敌出茹越口，再集中力量夹击平型关之敌。参加会议的多数将领顾虑重重，各执一词。

这时，孙楚不断接到平型关前线的紧急报告，言称敌人逐渐向平型关南翼白崖台、东长城村方向移动，似有向第 73 师阵地进攻的态势。而阎锡山又接到代县第 70 师师长王靖国的紧急报告：从五斗山反攻铁甲岭、茹越口的方克猷旅，溃回代县；正调雁门关以西段树华独立旅前来代县，并留下第三十五军马延守旅在代县东警戒。在对代县和平型关双方均感顾虑的情况下，傅作义主张以重兵急攻繁峙城，消灭窜入之敌，稳定后方，再图良策。而杨爱源则持反对意见。最后，不得不由阎锡山定夺。

此时的阎锡山，若是断然采取积极行动，战局或许将是另一番结局。但他顾虑损失，缺乏决战之胜的信心，深恐通往五台的退路被截，遂决定从平型关全线撤退，同时放弃雁门山阵地。会后，阎锡山与诸位高级将领商议，决定前线各路大军向五台山、云中山、芦芽山之线转移，集中力量于石岭关以北的忻县、忻口间阻击日军，以保卫太原。

30 日上午，阎锡山抵达五台县台怀镇，正式下令平型关全线撤退令。雁门关方面撤退令，则由行营参谋长朱绶光下达。从 10 月 1 日起，第二战区平型关全线守军分批撤退，至 2 日完毕。抗战之初在山西境内进行的平型关战役，至此告一段落。

10 月 1 日，阎锡山在豆村与朱德会晤，商谈第二战区在忻口组织会战，以保卫太原。从 2 日起，八路军第 115 师开始分别从冉庄、上寨、下关地区，经阜平向五台转移。第 687 团暂留驻灵丘县东河南、蔡家峪、小寨地区，袭扰平型关一带日军，开展敌后游击战，破坏日军第 5 师团后勤供给线。独立团则活动于灵丘和涞源南山地区，发动组织群众，开辟敌后根据地。

日军华北攻伐，中国军队节节抵抗，综合整个战役的发展情况而观，日军虽以战略和装备优势达到了占领平型关战略要地之目的，但亦付出高昂的代价。战役中精彩的一页，是八路军利用有利地形歼灭运动中之敌的平型关大捷。此役昭示，对优势日军作战，必须避敌所长，弃我之短，用特殊的战略和战术迎敌。当然，作为小型局部性胜利的平型关大捷，无法影响战争全局。其后，虽有忻口之役予敌重创，但10月26日，日军攻陷山西东部门户娘子关，太原告急。阎锡山为固守省会，下令中国军队再次撤离忻口，进行太原保卫战。但在强敌攻击之下，最终还是未能奏效，11月8日晚，太原陷落。

日军攻占太原

平型关战役自9月22日持续到9月30日，而从9月3日制订作战计划到10月2日全线撤退，则历时一个月。整个战场绵延百里，正面防守的国民党军队投入8个军的兵力近10万人，历经大小战斗数十次，顽强抗击，始终没有溃退，予敌重创的同时，自己也伤亡惨重。

平型关战役是忻口会战的前期阶段，也是卢沟桥事变之后，中国军队对日本侵略者最顽强的阻击之一，几乎将日军第21旅团全歼。虽然因敌增援解围而未获全胜，但给气焰嚣张的日军以沉重打击。

八路军第115师虽然没有进入平型关战役的正面战场，但利用山地战与近战之特长，首战即胜，切断了日军补给线，迟滞了其向山西腹地的进攻态势，挫其锐气，使之一时不敢贸然深入，有力地支持了平型关正面战场。

是时，中日两国军事实力相差悬殊，失去部分城市和领土，乃无法避免之事。但当局在战略和战术上过于呆板，看重一城一池的得失，一味防御，单纯和敌人死耗，而不懂得灵活运用其他兵法，以求更多歼敌，造成中国军队损失巨大。随着战场的失利，当局才逐渐认识到，中国与日本对决是持久战，必须以空间换时间，擅用运动战和游击战，懂得保存自己的有生力量。在这一点上，以毛泽东为首的共产党人从参战之初就知彼知己，摆正位置，利用地形优势，攻其不备，初见成效，平型关大捷就是明证。

六 | 厘清史实还本真

八路军取得平型关大捷的意义,不言而喻。但有关此役的几个史实，在穿越经年岁月之后，还需加以厘清，以便更接近本真，而这丝毫没有抹杀和减弱共产党领导下的八路军英勇抗战所发挥的重要作用。当然，所言并非皆为定论，表述尚可再行商榷。

1. 被歼日军以非战斗部队为主。平型关战斗中，进入八路军第115师伏击圈遭到围歼的日军部队，“为板垣第五师团第二十一旅团第二十一联队之第三大队，以及部分辎重部队，共计约千余人”，这是目前较为通行的表述。但从严格意义上讲，此说并非十分准确。实际上，第115师歼敌对象主要是日军辎重队和汽车队，且武器装备不整。日军第6兵站汽车队在《关于参加平型关作战的战斗详报概要》中称，鉴于今后的战斗，当务之急是加强自卫能力，其中第二点就是“至少配备重机枪一挺，本部、每个小队及修理班装备轻机枪、掷弹筒各一”。可见，被歼之敌当时没有重武器。不仅如此，甚至部分未配备武器。据第3大队战报称，“特务兵既无枪又无手榴弹”。而《步兵第十一联队史》又言，“辎重特务兵（完全不曾接受战斗训练，负责养马的后勤兵）”。当然，八路军此次作战，也曾与日军的战斗部队正面接触，只不过它既不是辎重队的“后卫部队”,亦不是“第二十一旅团后续部队”,而是前来援救的第21旅团第21联队第3大队的几个中队和被伏日军非战斗部队的护卫部队。据日方史料记载，当天被伏的日军非战斗部队是得到战斗部队护卫的，这包括“增援步兵1个小队”、汽车队的自卫小队，以及“神代中队的高桥小队和病愈后的四五名士兵”等。另外，当天上午11时左右，担任平型关正面进攻的第3大队得知自己的汽车队遭袭，立即出动包括机关枪中队主力在内的将近4个中队的兵力前往救援，但遭到八路军阻击。战斗一直持续到夜晚，始终未能突破，故未完成救援任务。26日凌晨，八路军撤出战斗，该部两天后才得以前进。由此不难确定，八路军此次作战的对象中不仅有日军主力部队,而且有相当强的自动火器部队,若是言称与之作战的日军中有“第二十一旅团第二十一联队第三大队”，也并不为过。但笼统地说，八路军在平型关战斗中歼灭“第二十一旅团第二十一联队第三大队和辎重部队一部”，容易给人造成一种八路军歼灭日军战斗部队为主的印象。因此，从史实的基本逻辑出发，此次伏击作战所以能取得相当的成功，是由于被歼日军主要是非战斗部队或曰辎重部队。当然，八路军第115师也确曾与日军战斗部队发生过激战。

2. 被伏日军为两部，相向而行，被歼两处。当时被伏日军的基本状况究竟如何？一致的说法，即肯定是由灵丘出发，由东至西浩浩荡荡向平型关挺进。但实际情况与这一表述相异，被伏日军应分属两个部队，从不同方向钻进八路军的伏击圈。

首先看看日军第21联队第3大队的战报，内中称，关于几个行李队的情况，据幸存者山口大队大行李队的大贺春一及被龙泽中队救出的、从医院回归原部队宇野中队途中同时遇险的中尾贞义所介绍的经过，综合如下："上午10时许，进入路宽只能通过卡车，两旁尽是高约10米悬崖的一条沟状道路。正当行李队进入长约300米的沟道时，队伍的前后两方，突然从头顶上方投下了手榴弹。这完全是突如其来的袭击。因为是三浦支队走过的路线完全放心前进，以致在吃惊的同时，队伍完全混乱。最初前后两端的车马受到打击，而使夹在中间的车辆无法动转。恰有师团的桥本参谋因去三浦支队进行联系搭车同行，他命令高桥小队分成两部，攀登两侧悬崖，桥本参谋、高桥少尉各指挥一侧，努力实行防御战。但敌人依仗人多势众，投掷手榴弹，接连不断向我发起进攻。无奈寡不敌众，无能为力，小队完全覆灭，最后一点枪声也听不到了。峡谷前后均被敌人包围，人马几乎全都死亡。"

而第6兵站汽车队的《战斗详报概要》，则是这样介绍战斗经过的：

第687团阻击战遗址，小寨村西乔沟东入口

"车队以矢岛中队在前、中西中队在后的顺序前进，队长的位置在接近矢岛中队前列的地方。当矢岛中队的全部、中西中队的一半进入凹道时（9 时 30 分），忽听前方的喊声，我方同时受到来自两侧悬崖约 1 个旅敌人的攻击，战斗即刻开始，敌人向我射击、扔手榴弹。由于先头的自卫队受敌压迫，中队长即命第 1 小队长一并指挥自卫队向敌发起进攻，同时向队长报告了进攻决心。随即遭到右侧高地上的重机枪、迫击炮的射击。为此，先命第 2 小队、继命第 3 小队向右侧展开攻击该敌，并命一部兵力占领左侧悬崖上的阵地警戒背后；又以修理班、行李班为预备队，匆忙逐次采取了措施。此时，汽车队本部陷入敌重重包围之中，队长派出传令兵，向旅团告急。另外，中队长接到敌有力之一部逼近背后之报告，即命预备队增援左侧高地，射击敌人，同时向中西中队派去了传令兵。此时，后续的中西中队已在远方左侧高地上开始散开射击。另外，前面的自卫队不断出现战死者，敌向第 2 小队背后逼来，中队完全陷入敌之重围。"

以上是日军两部遭袭经过，那么，他们的具体情况如何？据日方军史著作所载：25 日当天，"驻灵邱［丘］日军第二十一旅团部接到第二十一联队天雨变冷、急需补给的报告，命第二十一联队辎重队（大行李队）以马五十匹拉大车七十辆，满载衣服、粮食、弹药，由灵邱［丘］西行平型关。此一辎重队系由第十二中队第三小队高桥义夫少尉率领，有辎重兵十五人、特务兵七十人护卫；辎重队前，则有第五师团情报参谋桥本顺正中佐乘师团司令部小型木炭巴士同行。……上午十时许，辎重队通过东河南，进入两侧约十公尺高的山崖隘道，续向三公里外的蔡家峪前进"，"此一时刻，新庄淳中佐所率日军第六兵站汽车队，由矢岛俊彦大尉率第二中队一百七十六人乘日产卡车五十辆在前，中西次八少佐率第三中队三十辆卡车在后，自关沟向东出发。新庄淳则乘卡车载兵站要员六人、士兵十五人，走在队伍的最前头（车队总共有八十一辆卡车）。此两支日本非战斗部队——由灵邱［丘］向西开平型关的辎重队，及由关沟向东开灵邱［丘］的汽车队，均于二十五日十时以后，进入第一一五师的埋伏陷阱”。从被袭日军第6兵站汽车队的《战斗详报概要》可知，还在24日傍晚，汽车队中西次八及矢岛俊彦2个

日军辎重车队向蔡家峪行进

中队在新庄淳队长的指挥下就已抵达担任正面进攻平型关任务的第 21 旅团第 21 联队所部阵地，为其发放“弹药粮秣”。由于双方兵力悬殊，日军损失较大，三浦敏事旅团长决定从后方调精锐生力军大场步兵联队予以增援。因此，25 日上午，新庄淳队长带领 2 个汽车中队从平型关前线沿来路返回灵丘接运援兵。不料，车队进至小寨村一带受到伏击。由于缺少轻重机枪和掷弹筒等自动火器，遭到重大打击，新庄淳队长毙命。曾受命参加解救汽车队作战的第 21 联队第 3 大队的战斗详报，证实了这一说法。第 3 大队当时参与对平型关的正面进攻，得知汽车队受袭后立即派出第 9、10、11、12 中队合计 4 个中队的兵力前往救援，但在距离小寨村还有近 12 里的关沟村附近受到第 685 团的顽强阻击。当天下午因第 115 师取得小寨村歼灭战的胜利，部队向老爷庙及关沟一带集中，攻击力进一步加强，日军被迫后撤。关于另一支日军部队即第 21 旅团的辎重大队（又称行李大队）被袭，没有详细的战报说明，这是因为几遭全歼，故无正式报告。但在上述第 3 大队的战报中对此有说明，救援部队在 28 日晨进入现场后，看到从灵丘运送行李粮弹前来的第 21 联队的行李大队及另 2 个大队的行李队，也在距离汽车队被歼数里外另一段峡谷中被袭，百余“人马几乎全都死亡”，随队同行担任联络任务的师团参谋桥本顺正中佐也当场毙命。而这一部队除 15 名辎重兵配有马步枪，神代中队的高桥骑兵小队和病愈归队的几名士兵担任护卫外，特务兵（即输卒）和其他民夫（即役员）均未配备武器。

《步兵第十一联队史》对此亦有记载：“9 月 25 日的大约同一时刻，将三浦支队送到内长城线之后的新庄车队，在返回灵丘的途中，遭遇了跟粟饭原秀部队的大小行李运输队几乎完全一样的悲剧，就在仅一岭之隔的地方。当时，这个部队包括队长新庄中佐在内无一生还，因此详细战况无从得知，因为是相同的地形，所以推测和粟饭原秀的大小行李运输队应该是同样的过程。这两起战斗直到28日，才被前来收领弹药的粟饭原秀部队第十中队的一些人发现。但是上级总部、司令部当时还没有掌握到情况，而那5个幸存者也是直到这时才归。”

从中方高层的电报与战报中，也可了解当天是两线作战，无论是9月25日当天下午林彪曾报告称，还是次日朱德、彭德怀致南京蒋介石的电文中，都可为证。

综合中日双方的文献资料基本可以推断，平型关一役被歼日军主要是第5师团第21旅团的辎重部队和补给部队。具体说来有两部，一是兵站汽车联队的2支汽车中队，从平型关前往灵丘去；另一是旅团的行李大队及2个大队的行李队，它们自灵丘向平型关方向来。当天的战斗，同时在两个地方打响，一处是东北段的蔡家峪，另一处则是在伏击线南段的小寨村，这两处实际相距不足5里。这些日军部队虽有少量战斗部队护卫，但战斗力不强，因此第115师仅用几个小时就基本结束战斗，并取得围歼大部日军的战绩。

3. 歼灭日军人数问题。目前通行且流布最广的说法，是第115师歼敌“千余人”，但因不能确切指出被歼之敌部队番号和建制情况，因而存疑。关于平型关战斗歼敌数字的最早也是最重要的依据，是林彪于战斗次日率部撤出之后给中共中央军委的战报。该电说：“昨日与敌第二十一连（联）队战斗一昼夜，将敌歼灭一千余人。”此为当时作战最高指挥官报告的歼敌人数，一般讲当可信。且以将近4000主力伏击突袭日军1000余人的非战斗部队，应无甚大问题。可关键在于被伏日军究竟有多少人？故有必要弄清他们的建制。

据日军第 6 兵站汽车队的《战斗详报概要》，可知被伏日军汽车队包括“兵站汽车队本部 7 人，陆上运输兵 15 人，矢岛中队 176 人，合计 198 人。此外并有后续的中西中队，增援步兵 1 个小队”和部分回运的伤兵。上述资料虽然未明中西中队的具体人数，但其编制应与矢岛中队大致相当。已知矢岛中队分为 3 个汽车小队、1 个修理班、1 个行李班和 1 个自卫队，共 176 人、50 辆汽车。平均算下来，有 30 辆汽车的中西中队人数上至少也应有 110 人左右，再加上增援的步兵 1 个小队大约 50 人，已知仅此汽车队一行的总人数即在 360 人以上。而第 21 联队的大行李队以及山口、中岛 2 个大队的大、小行李队，“约有 70 辆辎重车辆、15 名辎重兵、70 名特务兵的车队”，另有“神代中队的高桥小队和病愈后的四五名士兵共 52 名担当护卫小队”,合计为 137 人。此外，还有司机、驭手，一般情况下还应有相应的搬运人员（或朝鲜人，或中国劳工）。综上，两部分日军至少有六七百人之多，若能全歼，再加上阻击西来增援解围之敌，若言歼敌千人亦不为过。

但从日方战报看，当天这两部分日军先后由东、西相向而来，东去灵丘的汽车队似乎未遭全歼。考虑到被袭日军第 6 兵站汽车队矢岛及中西 2 个中队长均得侥幸逃脱，并有十分详尽的报告讲述了被伏及突围经过，可以确信，有一部汽车队人员脱逃。只是关于汽车队受损情况，该报告与日方另外两份战史资料所说不相一致。第 6 兵站汽车队自己报告称 :“本次战斗中，我方损失如下 : 新庄队长以下 41 人战死，约 50 人负伤或生死不明。”但对照第 3 大队的报告，可知上述说法似不全面。

据第3大队报告，日军联队长当日上午11点左右得悉“汽车队在后边遭到袭击”，该汽车队即新庄中佐的兵站汽车队，车队为三浦支队（第3大队）送伤病员及补充弹药和粮秣，正在返回灵丘途中。随即调集龙泽、吉川、内藤以及橘4个中队（内缺4个小队）火速前往解围。救援部队乘车刚过关沟村即遭袭击，被迫下车前行。令吉川中队向北边高地，内藤中队向南边高地，橘机枪中队协助龙泽中队从中间平地进行攻击。由于担任阻击的八路军兵力强大，增援日军难以推进，甚至自顾不暇，已然不能完成营救任务。报告提及：“与敌人一直对峙到夜晚，还不知遭袭击的兵站汽车队情况如何。”直到28日在得到增援后方得进入现场，发现“行进中的汽车联队似遭突袭全被歼灭，100余辆汽车惨遭烧毁，每隔约20米，倒着1辆汽车残骸。公路上有新庄中佐等无数阵亡者，及被烧焦躺在驾驶室里的尸体，一片惨状，目不忍睹”。这意味着紧跟在矢岛中队之后进入伏击圈的中西中队也受损严重。2个汽车中队被歼人员，远不止数十人。

还有一个细节必须考虑，即当天乘车返回灵丘的，还有23—24日在平型关作战中受伤的部分伤兵和战死者。再加上汽车队的伤亡失踪数字中没有计算增援的1个小队的损失情况，故其伤亡数字计算并不完整。此外，我们还应该对当日第3大队增援部队的死伤情况做一分析和统计。据日军第21联队战史记述，当日增援作战的日军为第3大队的第9、10、11、12中队。同日上述部队除在凌晨向平型关方向进行偷袭作战而略有伤亡外，主力即被调动增援被伏的汽车队，余下部队只在傍晚时分受到国民党出击部队的侧击，但未见有激烈战斗的记述。

根据日军第3大队的战报，调去增援的第9中队当天共有6死21伤，第 10 中队 4 死 5 伤，第 11 中队 3 死 31 伤，第 12 中队 25 死 3 伤。合计已知第 3 大队当天增援部队的死伤人数为 98 人。

综合日方战报可以看出，此次伏击战中被歼日军主要是由灵丘向平型关开拔的辎重部队，连同 1 个骑兵小队的护卫部队，全数应在 120—150 人。另一部被歼的日军汽车队具体人数不详，保守估计应在半数左右，即 200 人上下。再加上阻击战中日军第 3 大队的伤亡和乘车送回灵丘的伤兵伤亡，整个战斗过程中被歼日军估计应有四五百人甚至略多。日军战斗详报的统计数字相对准确，例如某某中队在此次战斗中死几人伤几人都记录在案，少有主观性和时间差的回顾，因而具有一定可信度。关于这个数字，朱德在 1937 年底公开发表的著作中曾明示，此次战斗“他们（指日军）死了五百人”。这与日方战报的材料相一致。当然，这一数字还有待进一步深化研究，但比较一下此战双方死伤人数，这种说法或许更接近史实。

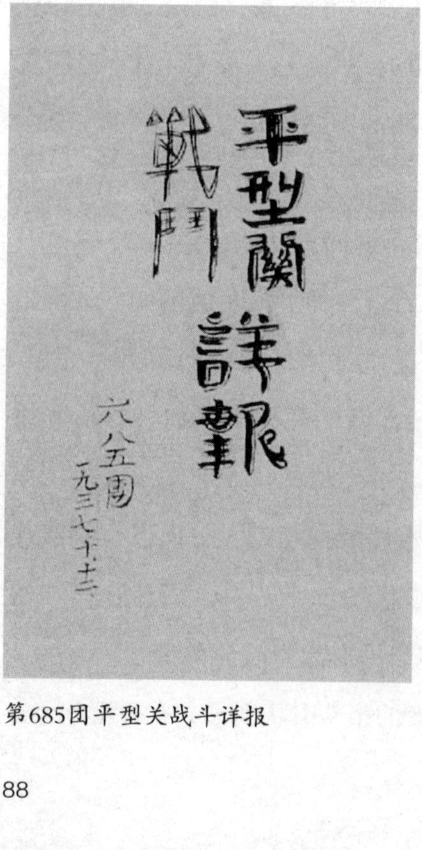
平型關戰鬥詳報
六八五團
一九三七.十.十三

第685团平型关战斗详报

4. 平型关战斗缴获情况。这一问题同样众说纷纭，难有定论。主要有三种说法：一是“毁汽车 100 余辆，大车 200 余辆，缴获野炮 1 门，轻重机枪 20 余挺，步枪 1000 余支，掷弹筒 20 余个，战马 53 匹，以及其他军用品无数，仅大衣一项，给我师官兵各发一件还有余”；二是称

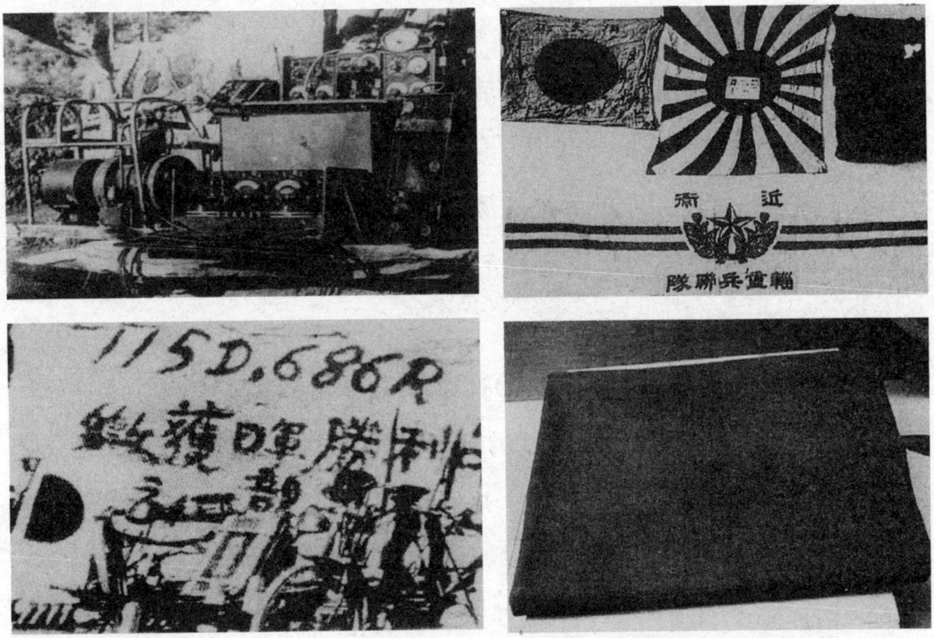

第115师缴获的各种战利品

“毁敌汽车80余辆，缴敌‘92’式野炮1门，轻重机枪20多挺，步枪300余支，摩托车3辆，掷弹筒20多个，炮弹二三百箱，战马53匹，日币30万元，另有大量军用物品，单是军用大衣，就足够我师每人一件”;三是称“击毁汽车100余辆，马车200余辆，缴获步枪1000余支，机枪20余挺，火炮1门，以及大批军用物资”。

上述说法表述各异，如有的说毁100余辆汽车，有的说毁80余辆汽车；有的说毁200辆大车，有的根本没提大车；有的说缴获1000余支步枪，有的说300余支步枪；有的说20个掷弹筒，有的说无掷弹筒，等等,不一而足。平型关战斗缴获情况究竟如何？分析一下当时的战报，大致可见端倪。

最初关于缴获数字的战报，是来自当日下午林彪、聂荣臻的报告，

"毁汽车八十余辆"。因战斗甫一结束，所以这一数字看来只是估算，且没提到其他缴获情况。当晚的战报则有所不同，言称此役"计缴获汽车六十，摩托车三架，钢炮一门，炮弹二千发，其他军用品甚多，正在清查中"。显然，经过清理战场后，已经得到比较具体的统计数字。此后，朱德和彭德怀给南京方面的报告中缴获情况大致相同，多半据此而发。

26日以后，我们所能见到的林彪最后一份战报提到缴获的情况，与前一天无甚出入，只是汽车数量略有增加，从60辆增加到74辆，其余仅说"军用品甚多"。考虑到这是八路军对日首战，打了这样一个漂亮的伏击战，指挥官理应将战果略微放大，故此战报应当没有太多水分。遗憾的是，清点不细，除了上述战利品，其他一概不知。

从第685团《战斗详报》中，我们大致可知在关沟、辛庄至老爷

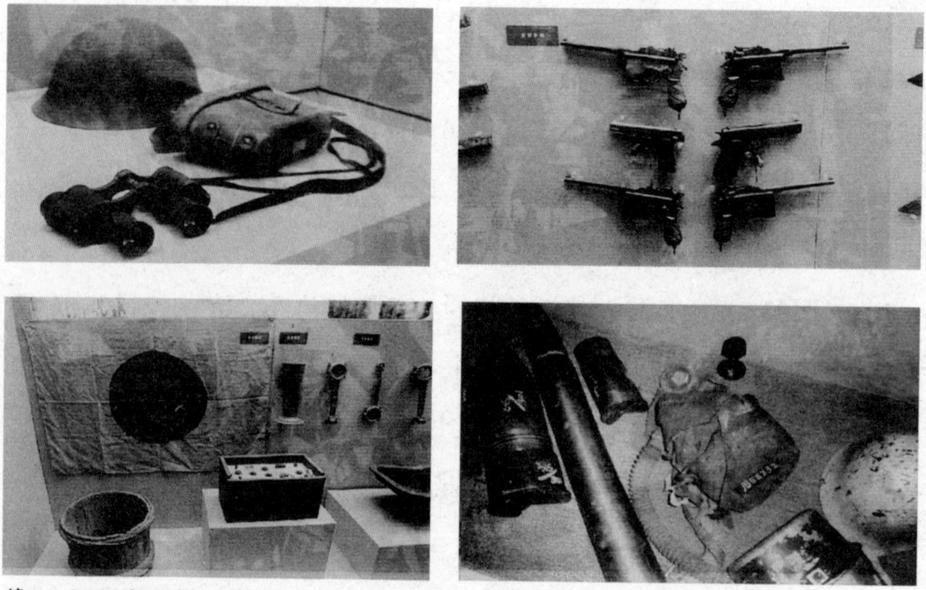

第115师缴获的战利品

庙一带部队的缴获情况：步马枪 111 枝、驳壳枪 1 支、手枪 1 支、轻机枪 10 挺、刺刀 4 把、马刀 1 把、步马弹 4200 发、其他弹 1500 发。报告同时注明：此次缴获“（统计）很慢，数目不精确”，并且存在“缴获的胜利品不登记，打埋伏”的现象，因此上报“缴获数目不甚精确”，再加上人员“来往繁杂，有的已送后方，因为战斗未完全解决即送走了，所以无从清查”。鉴于第 685 团的对手一是日军汽车队，一是日军增援部队，装备及火力配备较好，故其缴获的步、机枪数应是最多。而负责伏击西进日军辎重队的第 686 团，极有可能未获重武器。

从上而观，第 115 师所缴获的主要是汽车、摩托车、炮和炮弹几种，皆未提及 1000 余支步枪、20 余挺机枪、20 多个掷弹筒，甚至未言 200 多辆大车和马匹。林彪是否把它们统归“军用品”一类而未加统计呢？若是的话，实有偏颇。中共军队一向重视上报缴获的战利品，尤其重

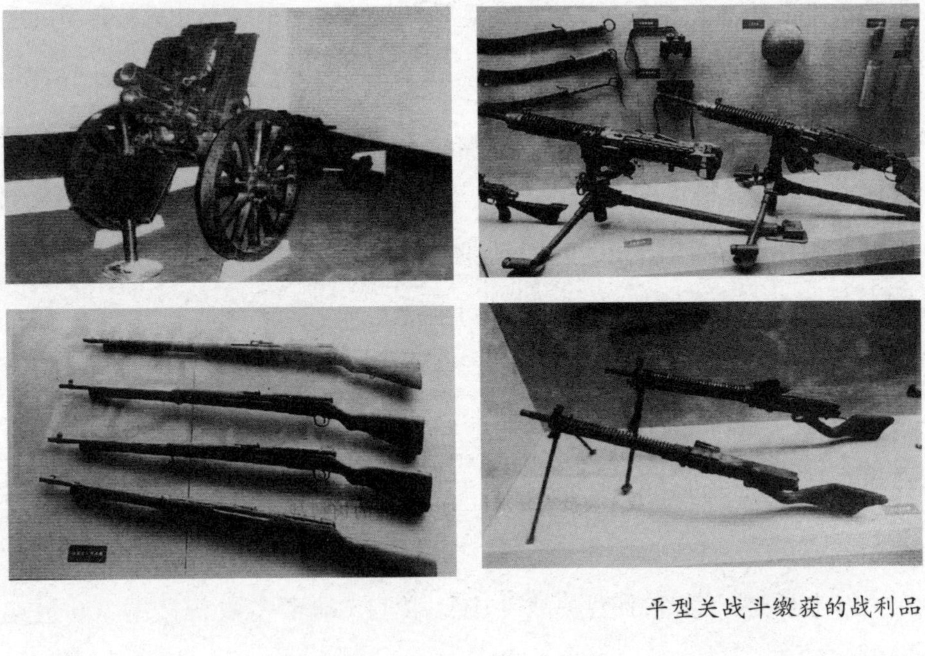

平型关战斗缴获的战利品

视自动火器，若有收缴，不会轻易不报。由此推断，应未获相关武器。

而从日方参战部队战斗详报中可得知，被歼两支部队均属非战斗单位，并无重武器和自动火器。而日军汽车队的战斗详报，则把是役失败归因于武器太差，缺乏自卫能力，直言应当为汽车队配备重机枪一挺，每个小队及修理班各配备一挺轻机枪、一个掷弹筒，这说明汽车队当时拥有的主要是步枪。至于被歼的日军辎重部队，武器还不如汽车队，甚至近半数赤手空拳。如果说第 115 师有可能缴获几挺机枪或掷弹筒，一定是负责护卫的 2 个日军小队之武器。另据日军部队的配备情况而断，也绝无可能有 20 挺机枪和 20 个掷弹筒之多，故第 115 师缴获 1000 余支步枪、20 挺机枪、20 个掷弹筒之类的说法不确。林彪在历次战报中绝少提及缴获枪支一事，多半是少有所获 。

至于 200 辆马车和 50 多匹马匹，看来与事实也有些出入。已知日军辎重部队带入包围圈的只有 70 辆马车，如果一车一马，至多有 70 匹。所以，缴获 200 辆马车的说法，立论不足。况且朱德 26 日的电报已说明：“另有敌一部约四五百人，马数十匹被我完全包围，死不缴械，故全部打死。”日方资料也明载，辎重队“人马几乎全都死亡”，公路甚至被辎重车辆和层层叠叠的人和马的尸体给堵塞了。当然，高桥小队为骑兵，第 115 师或许擒获有战马，但为数不确。

关于其他军用品，除炮弹外，只有“部队军官的行李、士兵的冬服和粮食、弹药”等，并无其他重要物品。至于称“仅大衣一项，给我师官兵各发一件还有余”，第 115 师有将近 14000 人，这一数字实属夸大。

综上所述，整个平型关战斗中，第 115 师至多缴获日军 100 余支完整的步枪、10 挺左右轻机枪、1 门钢炮、2000 发炮弹和日军第 21 联队部分服装和粮食，同时摧毁了大约 70 辆汽车和 70 辆马车，还打死数十匹马。

5. 第 115 师伤亡人数。目前至少有四五种不同版本，由于年代久远，难识“庐山真面目”。最早是来自伏击战结束的当晚，林彪、聂荣臻给朱德、彭德怀的战报，内称：“我伤亡为三四百名。”次日部队撤出战场后，林、聂再呈报告称：“我军伤亡三四百人，负伤有副团长、营长各二，其余待查。”时隔 10 天后即 10 月 3 日，朱德致电军委会第一部为八路军第 115 师等申请奖恤，不知是有更准确的伤亡统计，还是另有其因，在电中称“我伤亡官兵六百余名，内副团长、营长各两名”。1945 年 3 月，八路军总政治部宣传部出于宣传目的，编写了《抗战八年来的八路军和新四军》一书，第一次宣称此役第 115 师“指战员伤亡近千人”。此后，不断有新的提法，如当年曾负责第 115 师总部医院工作的欧阳奕在一篇回忆文章《平型关战斗中敌我伤亡情况》中称：平型关伏击战后四五天时间共收转了八九百人，连同战场上阵亡的二百余人；轻伤能随团队活动，不需转院治疗的伤员三四百人。这样，“战斗中我全部伤亡约一千五百余人”。时任第 115 师教导队大队长并代理参谋长的孙毅后来在《追忆平型关血战》一文中说：“我军也付出了不小的代价，牺牲了几百个同志。当我看到有不少是经过长征过来的老同志牺牲在战场上时，心中十分难过。”近年又有新说：“此战八路军系居高临下实行伏击，却伤亡 800 人，还多是经过万里长征的老骨干。”有关确切人数，因时隔多年，实难一锤定音。但大致最接近的实际伤亡数，通过几种方式解析，得出的结论应在近 800 人。

主要参考资料

1.田昭林，彭玉龙编.中国抗日战争史料丛书：著名战役录.北京：解放军出版社，1994.

2.光荣记忆——中国人民解放军征程亲历记.北京：解放军出版社，2007.

3.杨天石，臧运祜编.战略与历次战役.北京：社会科学文献出版社，2009.

4.高凤山主编.平型关战役文献资料汇编.北京：中共党史出版社，2012.

5.齐卫平，郝先中.1937悲壮抗战.上海：学林出版社，2004.

6.岳思平主编.八路军.北京：中共党史出版社，2005.

7.蔡仁照编著.中国抗日战争大参考.北京：京华出版社，2006.

8.吴清丽，王计昌主编.出奇制胜——军事院校详解人民军队实战案例.上海：上海人民出版社，2007.

9.中国抗日战争史编写组.中国抗日战争史.北京：人民出版社，2011.

10.人民军队征战传奇丛书编委会编.八路军、新四军征战传奇.北京：长征出版社，2012.

11.李茂盛，杨建中.华北抗战史.西安：陕西人民出版社，2013.

12.平型关大捷相关微信公众号文章.